ワンコイン参考書シリーズ

小5国語参考書

日栄社

刊行にあたって

「バブル崩壊」という経済的な事件が、日本で一九九〇年近辺に起こりました。一九四五年に第二次世界大戦に敗戦した日本は、戦後の復興から、約半世紀にわたる経済成長をとげましたが、「バブル崩壊」は「高度経済成長」から続いていた日本の右肩上がりの時代の終わりを告げるものでした。

それ以降、日本では「失われた三十年」とも言われる沈滞の時代が続いています。

「一億総中流」と呼ばれ、がんばれば誰もが豊かになれると信じられた社会から、貧困率が上昇し続ける「格差社会」へと、日本の社会は姿を変えつつあります。子どもたちの生活においても、「7人に1人」が貧困であると言われています。

貧困は子どもたちから教育の機会を奪います。子どもが成長して親になったときに、教育の不足ゆえに低い収入で働き続けることを受け入れざるを得なかったとすれば、その次の世代の子どもも、また貧困に苦しみ、十分な教育から遠ざけられかねません。これは「貧困の連鎖」「格差の連鎖」と呼ばれています。

また、教育の不足で十分な収入が得られないために、不本意ながら結婚や出産をあきらめる人たちもいることでしょう。青壮年の貧困は「少子化」の大きな原因のひとつともなっています。

こういった悪循環は、日本の現在の大人である私たちが作りだしたものであり、子どもたちには何の責任もありません。

この悪循環を止めるにはいろいろな方法があろうかと思いますが、「高齢化」が進行し、福祉にますます財源が必要になる中でも、貧しさが原因で子どもが学びをあきらめるような社会をつくってはならないと、私たちは考えています。

『ワンコイン参考書・問題集（税別500円）／ツーコイン電子参考書・電子問題集（税別200円）』は、未来を担う日本の子どもたちが安くても良質な参考書・問題集を手に取れるようにとの思いで刊行しました。この理念に賛同してくれた著者の先生や、制作会社、印刷会社の人たちのおかげで、このシリーズを刊行することができました。

子どもたちよ、どうか「学びを、あきらめない」でください。このシリーズが子どもたちの役に立つことを祈っています。

二〇二二年一〇月二七日　日栄社編集部

もくじ 小5国語参考書

1 かなづかい

ことばを「かな」で書き表すときの決まりを「かなづかい」と言います。ほとんどのことばは「発音どおりのかなで書く」のが原則《げんそく》ですが、例外もあります。例外をしっかり覚えましょう。

①原則：発音どおり書き、「**ワ・エ・オ**」と発音するものも、「**わ・え・お**」と書く。
（例）思わない・備《そな》える・おどろく
例外：「**ワ・エ・オ**」と発音するが、「**は・へ・を**」と書く。
（例）ぼくは、野球をしてから家へ帰った。
②原則：長音（長くのばす音）は「**あ・い・う・え**」を加えて書くが、

参考
原則と例外
基本的なパターンが「原則」、そのパターンにしたがわないのが「例外」です。反対語として覚えましょう。

「**オー・コー・ソー**」など、五十音のオ段《だん》の音を長くのばすときには、
「**おう・こう・そう**」と「う」を加えて書く。

（例）おかあさん（お母さん）・にいさん（兄さん）・
ゆうだち（夕立）・ねえさん（姉さん）・
こうえん（公園）・ほうそう（放送）・おうえん（応援）

例外：「**エー**」とのばすもののうち、次の場合は、「**い**」をそえる。

（例）とけい（時計）　せいかつ（生活）

例外：「**オー**」とのばすもののうち、次の場合は「**お**」を加える。

（例）おおきい（大きい）・とおい（遠い）・こおり（氷）・とお（十）・
おおやけ（公）・おおい（多い）・とおる（通る）

③原則：「**ユー**」とのばす音の場合、「**ゆう**」と書く。

例外：「**言う**」の場合だけは「**いう**」と書く。

④原則：「**ジ・ズ**」と発音することばは「**じ・ず**」と書く。

（例）あずける（預ける）・少しずつ・あじわう（味わう）

例外：次の二つの場合は、**「ぢ・づ」**と書く。

（1）二語があわさって「ち・つ」が濁音《だくおん》になった場合

（例）近＋つく＝近づく、力＋つよい＝力づよい、
底＋ちから＝底ぢから

（2）「ちぢ・つづ」のように同じ音が重なる場合

（例）ちぢむ（縮む）・つづく（続く）・つづる（綴る）

参考

「ぢ・づ」
上記の、かなづかいの例外2パターンは、覚えておくと便利です。

確《かく》認《にん》問《もん》題《だい》

解答256ページ

1 次の□の中に適当《てきとう》なひらがなを入れましょう。

1. 急に、□しんが起こったら、あなたはどうしますか。
2. 春が近□くにつれ、心がうきうきしてきます。
3. あまりのおそろしさに、身がち□む思いがしました。
4. 大田君は、たいへんじょう□に絵をかきます。
5. 駅前に、お□ぜいの人が集まっています。
6. 先生の□うとおりに勉強して下さい。
7. 空は、とほ□もなく広い。
8. この部屋には家具がお□いので、せまい感じがする。

2 次のア～カの中から、かなづかいのまちがっているものを選び、正しく直しましょう。

ア おかあさん（お母さん）　**イ** ゆうがた（夕方）　**ウ** いもおと（妹）
エ とうる（通る）　**オ** とおい（遠い）　**カ** おうじ（王子）

2 おくりがな

漢字を誤《あやま》りなく読むために、漢字の下にそえるものが、おくりがなです。これも一応《いちおう》の原則《げんそく》はありますが、例外も多いので、なるべく語句《ごく》それぞれの場合について、覚えていくのがよいでしょう（動詞《どうし》・形容詞《けいよう》・形容動詞・副詞・名詞・活用といった文法用語については、改めて文法の項目《こうもく》で、くわしく説明します）。

①**動詞など活用**（変化）のある**語**は、次のように、**活用語尾**《ごび》（変化するおしりの部分）からおくる。**形容詞**は「**か・く・い・け**」の部分からおくり、前に「**し**」がつくものは「**し**」からおくる。

（動詞の例）開|かない・開|きます・開|く・開|けば・開|け

起き|ない・起き|ます・起き|る・起き|れば・起き|ろ

（形容詞の例）広い・広く・広かろう・広ければ
美しい・美しく・美しかろう・美しければ
新しい・新しく・新しかろう・新しければ

②活用する前の部分に、「**か・やか・らか**」のつく**形容動詞**は、そこからおくる。

（例）安らかだ・明らかに・軽やかで・静かに・健やかに

③**副詞**や**名詞**には、必要に応《おう》じて**最後の一音節**をおくる場合がある。

（例）全く・必ず・常《つね》に・勢《いきお》い・幸せ・自ら・半ば

④それ以外にも、**読み誤るおそれのあるもの**については、そこからおくる。

（例）終わる・終える　動かす・動く　加わる・加える
集まる・集める　細かい・細い

⑤二つ以上のことばが結びついてできたことばには、**それぞれのおくりがなのつけ方**によっておくる。

(例)受ける＋付ける＝受け付ける　話す＋合う＝話し合う
移《うつ》る＋変わる＝移り変わる　歩む＋寄《よ》る＝歩み寄る

⑥二つ以上のことばが結びついてできたことばの中でも、**次のような名詞には慣用《かんよう》にしたがって、おくりがなはつけない。**

(例)試合(しあい)・合図(あいず)・立場(たちば)・
役割(やくわり)・場合(ばあい)・切符(きっぷ)・
建物(たてもの)・割合(わりあい)・消印(けしいん)

確《かく》認《にん》問《もん》題《だい》

解答256ページ

1 次の（　）内のおくりがなの使い方で、正しいものを一つ選びましょう。

1. 昨日、（新しい／新い／新らしい）本を買った。
2. ここはとても（静ずか／静か／静づか）だ。
3. 子どもをプールで（泳せる／泳よがせる／泳がせる）。
4. 車が多くて（少こしも／少しも／少も）進まない。

2 次の□の中にひらがな一字を入れ、意味が通るようにしましょう。

1. ア　この水はとても冷□い。　イ　雪が降《ふ》る日はよく冷□る。
2. ア　研究に研究を重□る。　イ　重□荷物を持ち上げた。
3. ア　赤ちゃんが目を覚□す。　イ　けさは寒さを覚□た。
4. ア　雨戸が強い風で外□た。　イ　タイヤを車体から外□た。
5. ア　手品の種を明□す。　イ　事件《じけん》の真相が明□かになる。

3 主《しゅ》語《ご》・述《じゅつ》語《ご》

チューリップの　花が《主語》　きれいに　咲いた。《述語》

というように、文の**「何が（は）」**にあたる部分を**主語**《しゅご》、その部分に対して**「どうする／どんなだ／なんだ」**にあたる部分を**述語**《じゅつご》といいます。日本語は、**まず述語を確認《かくにん》してから主語を見つける**方が、まちがいが少ないです。

（例1）日本には、まださまざまなところで欠点が見られます。
述語＝「見られます」↓何が？「欠点が」＝主語

（例2）先週から降《ふ》っていた雪も今日はやんだ。
述語＝「やんだ」↓何が？　雪（が）↓「雪も」＝主語

（例２）のように、**主語につくことば**には、**「は、が」**以外にも**「も、こそ、さえ、でも、の、だけ、ばかり」など**があります。また、「が」や「は」があるからすぐに主語だと断定《だんてい》することはできません。**述語から判《はん》断《だん》しましょう。**

また、**「を、に、へ」などがついているものは主語ではありません。**

では、次の（例３）の主語と述語はどれでしょう？

（例３）雨ばかりか風さえもまじってきた。

述語＝「まじってきた」→何が？　風（が）→「風さえも」

＝主語

さらに、日本語では文の一部を省略《しょうりゃく》した表現が多く、**主語や述語が省かれていることもある**ので、気をつけましょう。

（例４）とうとう降ってきました。（述語のみ、主語省略）

あぶない！（述語のみ、主語省略）

あなたは、どちらへ？（主語のみ、述語省略）

参考

主語の省略

日本語の場合、特に主語は不可欠《ふかけつ》の要素というわけではなく、ひんぱんに省略されますから注意しましょう。いっぽう英語では、主語・述語は原則《げんそく》として不可欠です。そもそも「主語・述語」という考え方自体、英語をはじめとする西洋の言語をモデルにして生まれたものです。

確《かく》認《にん》問《もん》題《だい》

解答 256ページ

1 次の各文から主語と述語《じゅつご》を選びましょう。あてはまるものがなければ×を書いてください。

1. 黄色い 花が きれいに 庭で 咲《さ》いている。
2. わたしたちの 校庭は すこし せまい。
3. とても 高いよ、毛皮の コートは。
4. 地球には おおぜいの 人間が 住んでいる。
5. むずかしくて とても できません。
6. 春の タンポポに かわって 初夏の 野道を かざる 花は 水玉もようの シロツメクサです。
7. わたしの 顔が 目の前の 大きな 鏡に うつった。
8. 森林の 上の 空は たいへん 美しかった。

2 次の各文の主語と述語を答えましょう。主語がない場合は×を書いてください。

参考

主語・述語問題への対応《たいおう》

さきほど学習した通り、まず述語を確定《かくてい》して、次に、その述語に対応する主語を見つけましょう。

述語の動詞

品詞分類すると、「咲いている」は「咲く」+「いる」、「住んでいる」は「住む」+「いる」と、それぞれ二つの動詞で構成されています。ふつうは、述語にふくまれる自立語（この場合は動詞）は一つだけですので、その原則《げんそく》にしたがえば、前者も後者も

1. 同じ教室で勉強した友人たちは、それぞれの道を選んで、卒業した。
2. 弟のなわとびは、毎朝の練習でたいへん上達しました。
3. きのうとてもつかれたので、入浴した後、早めにねた。
4. 小さいころわたしが住んでいた家には池がありました。
5. 白い雪をかぶった山の峰《みね》が美しくかがやく。

述語は「いる」になります。しかし「いる」だけでは意味がわかりにくいので、この参考書では「咲いている」「住んでいる」で一つの述語とします。学校や塾《じゅく》によっては、「いる」だけを述語とする場合もありますので、注意しましょう。

3 次の文中の――線部は述語になっています。それぞれに対応《たいおう》する主語を答えましょう。

自分はいくどとなく、青い水に臨《のぞ》んだアカシアが、初夏のやわらかな風に吹《ふ》かれて、ほろほろと白い花を落とすのを見た。自分はいくどとなく、霧《きり》の多い十一月の夜に、暗い水の空を寒そうに鳴く、千鳥の声を聞いた。自分の見、自分の聞くすべてのものは、ことごとく、大川に対する自分の愛を新たにする。

（芥川竜之介《あくたがわりゅうのすけ》『大川の水』より）

4 修飾語《しゅうしょく》

チューリップの　花が　きれいに　咲《さ》いた。
花→どんな?→チューリップの＝修飾語
咲いた→どのように?→きれいに＝修飾語

このように、主として後に続くことばの意味や様子をくわしく説明していることばを「修飾語《しゅうしょく》（かざりことば）」といいます。これに対して、「かざられることば」を「被《ひ》修飾語」といいます。「修飾・被修飾」の関係を「かかり・うけ」の関係と呼《よ》ぶこともあります。右の例では、「チューリップの」が「花が」を修飾し、「きれいに」が「咲いた」を修飾しています。

チューリップの　花が　きれいに　咲いた。

修飾語→被修飾語　**修飾語→被修飾語**

修飾語は、大きく見ると、「動作や状態《じょうたい》」などを修飾し、主に「どのように」を説明する修飾語のグループ（**連用修飾語**）と、「物や事がら」などを修飾し、もっぱら「どんな」を説明する修飾語のグループ（**連体修飾語**）の、二つに分かれます。

参考

「連体」と「連用」

これらは「体言に連なる」「用言に連なる」という意味ですが、「体言」「用言」については、第3章で学習します。

連用修飾語「どのように」	連体修飾語「どんな」
すなおに	すなおな
はげしく	はげしい
たくさん	たくさんの
こう	この
少し　など	たった　など

確《かく》認《にん》問《もん》題《だい》

解答257ページ

1 次の各文の——線部の修飾《しゅうしょく》語は、ほかのどのことばをくわしく説明していますか。一文節で答えましょう。

1. 木には たくさんの 赤い 実が ついて いる。
2. 小さな 失敗は だれでも した ことが あるだろう。
3. ひらひらと きれいな 花びらが 庭に 散った。
4. まっかな 太陽が 海上に のぼった。
5. 花が 大きく きれいに 咲《さ》いた。
6. 霜《しも》の 結晶《けっしょう》を けんび鏡で 調べる。
7. たとえ どんなに 苦しくても あきらめては いけない。
8. 自転車が だんだんと スピードを 増《ま》した。
9. 丸顔の かわいい 男の子が ちらっと こちらを 見た。

2 次の各文の——線部は、ア「主語」、イ「述語《じゅつご》」、ウ「修飾語」のうち、どれにあたりますか。それぞれ記号で答えましょう。

参考

文節

「文節」については、第3章で学習しますので、習っていない人は気にせず、上の問題をやってみて下さい。たとえば、「赤い花が咲いた。」で「赤い」が修飾する「一文節」を問われたら、答えは「花」ではなくて「花が」になりますが、今は「赤い」が「花」を修飾していることがわかっていれば問題ありません。

1. 父は仕事に出かけました。

2. 来年、中学生になります。

3. 読んだよ、私《わたし》もその本を。

3 次の文から、1と2の答えとして、ふさわしいことばをそれぞれぬき出しましょう。

習いはじめは、だれでも　へたくそだから、見て　いる　人は笑うだろう。

1. この文の主語にあたる部分はどれですか。

2. ——線部によって修飾されている部分はどれですか。

4 次の文の主語はどれですか。また、「たぶん」はどのことばにかかっていますか。それぞれ答えましょう。

たぶん　母は、それを　聞いて　喜《よろこ》ぶだろう。

5 文型《ぶんけい》

一つ一つの文は主語・述語《じゅつご》に注目すると、大きく次の三つの**基本文型**《きほんぶんけい》に分類できます。

①**「何が―どうする」**（述語が**動作**や**存在**《そんざい》を表す場合）
（例）車が来る。地球は回る。犬がいる。食べ物がある。

②**「何が―どんなだ」**（述語が**様子**や**性質**《せいしつ》などを表す場合）
（例）空が青い。君の耳は大きい。学校の校舎《こうしゃ》は立派《りっぱ》だ。

③**「何が―なんだ」**（主語と述語が**同じもの**を表す場合）
（例）私《わたし》は鈴木《すずき》です。（私＝鈴木）　明日は晴れです。（明日＝晴れ）

文例にあたると、①「**何がどうする**」②「**何がどんなだ**」③「**何がなんだ**」の分類は次のようになります。

●イルカは哺乳類《ほにゅう》だ。（イルカ＝哺乳類↓③）
●山はたいへん気持ちよい。（気持ちよい↓どんなだ↓②）
●小鳥が枝《えだ》にとまっている。（とまっている↓どうする↓①）
●黄色い花がきれいだ。（きれいだ↓どんなだ↓②）
●秋は読書の季節です。（秋＝季節↓③）
●外では、はげしい風ばかりか、雪さえまじってきた。（まじってきた↓どうする↓①）
●とても高いよ、あの本は。（高いよ↓どんなだ↓②）
●富士山《ふじさん》は日本一高い山です。（富士山＝山↓③）
●窓《まど》から吹《ふ》いてくる秋の風がとてもさわやかだ。（さわやかだ↓どんなだ↓②）

参考

倒置《とうち》法

「とても高いよ、あの本は。」のように、わざと文章の前後を入れかえて印《いん》象《しょう》を強める表現《ひょうげん》方法を、倒置法といいます。

確《かく》認《にん》問《もん》題《だい》

解答258ページ

1 次の1~15の文は、(ア)何が・どうする、(イ)何が・どんなだ、(ウ)何が・なんだ、のうち、どの型《かた》に分類できますか。

1. 明日は運動会の日です。
2. 風が吹《ふ》いている。
3. 私《わたし》の父は会社員です。
4. 山田君が泣いている。
5. このリンゴはおいしい。
6. 君のおかげで仕事が終わった。
7. 新しい服を着て、私は映画《えいが》を見にいった。
8. 子どもが遊んでいるところを見るのは、楽しい。
9. あの人は、ほんとうに元気だ。
10. 彼《かれ》の病気は思ったより軽い。
11. わたしは先生にたいそうひどくしかられてしまった。
12. あの花壇《かだん》に咲《さ》いている花はとても美しい。

参考

文型《ぶんけい》の識別《しきべつ》

これも、①述語《じゅつご》を確定《かくてい》する。②主語を確定する。③文型《ぶんけい》(主語・述語の関係)を確定する。という順序で解《と》けばよいでしょう。

13. ぼくの下の名前は今までいいませんでしたが、明です。

14. 世の中をなんとか平和にしたいというのが、私たちの願いだ。

15. 君だったのか、きのうわざわざ訪《たず》ねてきたのは。

6 品《ひん》詞《し》の基《き》礎《そ》

文の主語・述語《じゅつご》・修飾《しゅうしょく》語などをさらに細かく分けた、**ことばの最小単位**を、「**単語**」といいます。単語は、その働きや性質《せいしつ》によって、十種類の「**品詞**《ひんし》」に分類されます。くわしくはまたあとで学習しますが、ここではとりあえず、「名詞・副詞・動詞・形容詞《けいよう》・形容動詞」という五種類の品詞について、ある程度《ていど》の知識《ちしき》をもっておきましょう。

〈主語〉	〈修飾語〉					〈述語〉
私《わたし》は	**立派《りっぱ》な**	**黒い**	**帽子《ぼうし》を**	**すっぽりと**	**頭に**	**かぶる。**
名詞＋助詞	形容動詞	形容詞	名詞＋助詞	副詞	名詞＋助詞	動詞

○**名詞**＝**事物や事がら**を表し、**主語**になることができる。

（例）学校、本、海、洋服ダンス、テレビ、君、ぼく、など。

参考

単語

例えば「わたし」という言葉は、名詞に分類される一単語ですが、これをさらに分解《ぶんかい》すると、「わ」「た」「し」となって、この「わ」は、もう意味のある言葉ではなく、単なる一音、単なる一文字です。つまり単語とは、「これ以上分解すると意味が消えてしまう最小単位」だと考えて下さい。

○**副詞**＝**修飾語**の役割《やくわり》だけをもち、**程度**《ていど》**や状態**《じょうたい》などを説明する。

（例）ちょっと、たいへん、おそらく、少し、など。

○**動詞**＝**動作・存在**《そんざい》などを表し、そのまま**述語**になることができ、必要に応《おう》じて活用して語尾《ごび》が変化する。**言い切りはウ段**《だん》**の音**で終わる。

（例）歩く、食べる、飛ぶ、休む、流す、ある、いる、など。

○**形容詞**＝**様子や性質**などを表し、そのまま**述語**になることができ、必要に応じて活用して語尾が変化する。**言い切りは「い」**で終わる。

（例）かわいい、美しい、新しい、さびしい、など。

○**形容動詞**＝**様子や性質**などを表し、そのまま**述語**になることができ、必要に応じて活用して語尾が変化する。**言い切りは「だ」「です」**で終わる。

（例）静かだ、おだやかだ、立派だ、きれいだ、など。

確《かく》認《にん》問《もん》題《だい》

解答258ページ

1 次の1～3のそれぞれのことばの中に、一つだけほかのことばと性質《せいしつ》のちがうものがあります。その記号を答えましょう。

1. ア 読む　イ 書く　ウ 動く　エ 本　オ 見る
2. ア 家　イ えんぴつ　ウ 大きい　エ 空　オ 海
3. ア 美しい　イ 白い　ウ すずしい　エ 紙　オ 少ない

2 ことばの最小単位である単語は、その性質や働きによって、名詞《めいし》、動詞、形容詞《けいよう》などのグループにわかれます。次の――線部のことばは、それぞれ名詞、動詞、形容詞のどのグループに分けられますか。

1. 美しい 花が 咲《さ》く。
2. 空は 青く 深く 広い。
3. 山は 富士山《ふじさん》。
4. 飛べ 飛べ 高く。
5. 青く 美しい 星、地球を 救《すく》う。

3 次の文章中の――線部ア～テは、名詞・副詞・動詞・形容詞・形容動詞のうち、どれに属《ぞく》しますか。

また、町の男も、女も、美しいお嬢《じょう》さまについて、また、風のあたる緑の林を思わせるような、唄《うた》を上手に歌う少女について、いろいろの評判《ひょうばん》をしました。そのうちに、彼女《かのじょ》らは、この小さな北国の町にも別れを告《つ》げて、遠い西の国を指して、旅立たなければならぬ日がきました。

彼女らの、この町を去ってしまうということは、楽しみと色彩《しきさい》に乏《とぼ》しいこのあたりの人々に、なんとなくさびしいことに感じられたのであります。そこで、いよいよその日がくると、若者《わかもの》たちは、外に出て彼女らの立つのを見送っていました。

四人の美しい女たちは、赤い馬車に乗りました。赤い馬車は、青い海を左手にながめながら、海岸を走っていったのであります。

初夏の光に照らされて、その赤い馬車は、いっそう鮮《あざ》やかに、色が冴《さ》えて見られました。そして、青い海の色と反映《はんえい》して、美しかったのでした。

（小川未明《おがわみめい》『初夏の空で笑う女』より）

参考

品詞の識別《しきべつ》

形が変わる品詞は、言い切りの形に直してみましょう。言い切りの形とは、下に句点《くてん》「。」が来る形です。例えばイ「上手に」の言い切りは「上手だ。」ですね。「だ」で終わる品詞は何でしたか？

7 接続語《せつぞくご》・独立語《どくりつご》・指示語《しじご》

◆**接続語《せつぞくご》……前後の関係を示すことば**。「語句《ごく》と語句」「文と文」「段落《だんらく》と段落」をつなぐ働きをするとともに、その前後が「どういう関係でつながっているか」を表す目印にもなっています。

接続語の使い方ひとつで、前に書かれている内容《ないよう》と後に書かれている内容が逆《ぎゃく》の関係になったり、後の内容が前の内容をくわしく説明する関係になったりします。つまり、**文章読解《どっかい》ではとても重要な役割《やくわり》を果たす**ものです。

接続語の働きを考える場合、その**接続語が（1）段落中にあるのか、（2）段落のはじめにあるのか**、ということに注目する必要があります。

（1）の場合は、その接続語は「語句と語句」あるいは「文と文」をつないでいるので、**直前・直後の語句・文**に注目すれば、前後の関係が判断《はんだん》できます。（2）の場合は、**直前・直後の段落の内容**に注目した上で、前後のつながりを判断しなければなりません。さらに、段落のはじめにある接続語は、**「大きな段落分け＝意味段落分け」**のヒントになっていることもあります。

○接続語の分類

①**順接**＝前の事柄《ことがら》が**原因《げんいん》・理由**となり、その**結果・結論《けつろん》**が後にくる場合。

「したがって・だから・それで・すると・そこで」など。

②**逆接《ぎゃくせつ》**＝前の事柄と**反対・逆**の事柄が後にくる場合。「しかし・けれども・だが・が・ところが・でも」など。

③**並列《へいれつ》・添加《てんか》**＝前の事柄に後の事柄を**並《なら》べたりつけ加えたり**する場合。「また・および・さらに・そのうえ・そして・しかも」など。

④**説明**＝前の事柄について**説明**を加え、ことばを補《おぎな》う場合。いろいろな種類がある。「つまり・たとえば・ただし・なお・なぜなら・もっとも・もちろん」など。

⑤**選択《せんたく》**＝前の事柄と後の事柄の**どちらかを選ぶ**場合。「それとも・あるいは・または・もしくは」など。

⑥**転換《てんかん》**＝前の事柄とは**別の話題**に変わる場合。「ところで・さて・ときに・では」など。

◆**独立語《どくりつご》**……他の文節と、主語・述語《じゅつご》の関係、修飾語《しゅうしょくご》・被《ひ》修飾語の関係、接続の関係などを持たず、文の中で独立している文節を、独立語と呼《よ》びます。品詞《ひんし》でいうと、感動詞と名詞が独立語になります。

○**独立語の分類**

①**感動**　(例)ああ、来てよかった。／へえ、そんなことがあったんだね。

②**呼びかけ**　(例)ねえ、こっちを向いて。／田中、先生が君を呼んでいるぞ。

③**応答《おうとう》**　(例)はい、私です。／いいえ、ちがいます。

④**あいさつ**　(例)おはよう、元気ですか。／先に帰ります、さようなら。

⑤**提示《ていじ》**　(例)宇宙、それは、無限《むげん》の広がり。／樋口一葉《ひぐちいちよう》、彼女《かのじょ》を抜《ぬ》きに

して、日本の近代文学は語れません。

◆**文の成分**……文節は、文の中でどのような働きをしているかによって、**主語・述語・修飾語・接続語・独立語**の五つに分類することができます。これら五つを、**文の成分（要素《ようそ》）**と言います。

◆**指示語《しじ》**……いわゆる**「こそあど」ことば**。文章のどこかを指《さ》します。

	自分に近い「こ」	相手に近い「そ」	双方《そうほう》から遠い「あ」	距離《きょり》が不明「ど」
事物	これ	それ	あれ	どれ
場所	ここ	そこ	あそこ	どこ
方角	こっち こちら	そっち そちら	あっち あちら	どっち どちら
その他	この こう こんな	その そう そんな	あの ああ あんな	どの どう どんな

確《かく》認《にん》問《もん》題《だい》

解答258ページ

1 **次の各文中の（　）内にあてはまる接続語《せつぞく》を、「だから・それに・すると・しかし・なぜなら」の中から一つずつ選びましょう。**

1. きょうはとても暖《あたた》かだ。（　）、風もない。
2. 君が助けてくれるのはうれしい。（　）君が困《こま》るのではないか。
3. そうなると思ったよ。（　）、ぼくが注意したのだよ。
4. なるほど話はわかった。（　）君は無関係というわけだね。
5. かれは合格《ごうかく》するだろう、（　）、人一倍努力しているから。

2 **次の各文の独立語《どくりつ》はどれですか。またその働きは、感動・呼《よ》びかけ・応答《おうとう》・あいさつ・提示《ていじ》のうち、どれにあたりますか。**

1. こっちに来て下さい、山田君。
2. 海、それは、私のふるさと。
3. 後藤《ごとう》といいます、はじめまして。
4. うん、それなら賛成《さんせい》です。

参考

接続語の識別《しきべつ》

基本的には、接続語の前後の内容から考えますが、前後の語句《ごく》が手がかりとなることもあります。この問題では、1の「風もない。」の「も」、5の「人一倍努力しているから。」の「から」が、手がかりとなります。

5. おお、ずいぶん大きくなったね。

3 次の各文中の——線部は何をさしていますか。文中のことばを用いて、それぞれ答えましょう。

1. 晴れた夜、北の空を見るとひしゃくの形をした七つの星を見ることができます。これが北斗七星《ほくとしちせい》です。

2. 春分の日には、昼と夜の長さがほぼ等しくなります。このような日が、一年に二回あります。

参考

指示《しじ》される語の識別

指示語に指示される語を入れて、文が成り立つかどうかでチェックできます。

8 敬《けい》語《ご》法

特定の人物に語りかけたり、自分の知っている人物の話をしたりする場合に、自分とその人物との関係によって、**敬意《けいい》をこめた表現《ひょうげん》**が必要になります。これが**敬語**です。

たとえば、「行く」という動作を表すときにも、相手と自分とが対等の場合と、相手と自分との間に上下関係がある場合とでは、表現が異《こと》なります。

自分 ---- 相手（対等）
← 行く

「ぼくは、明日、君の家へ行くよ。」＝**普通《ふつう》表現**

「ぼくは、明日、君の家へ行きますよ。」＝**丁寧《ていねい》表現**

右は、相手と自分との関係が対等の場合です。表現を変えるとしても、「です・ます」といった**丁寧表現**を使うくらいですね。

ところが、相手が自分より地位が高かったり、目上だったりする場合は、「行く」を用いずに、自分を一段《いちだん》低いところに置いて、相手を見上げる表現を用いることになります。つまり、同じ「行く」でも、相手が「行く」場合は、「いらっしゃる・おいでになる」といった**尊敬《そんけい》表現**を用います。自分が「行く」場合は、へりくだって、「うかがう・参《まい》る」といった**謙譲《けんじょう》表現**を用います。

(例) 校長先生が行く → 校長先生がおいでになる　など

校長室に行く → 校長室にうかがう　など

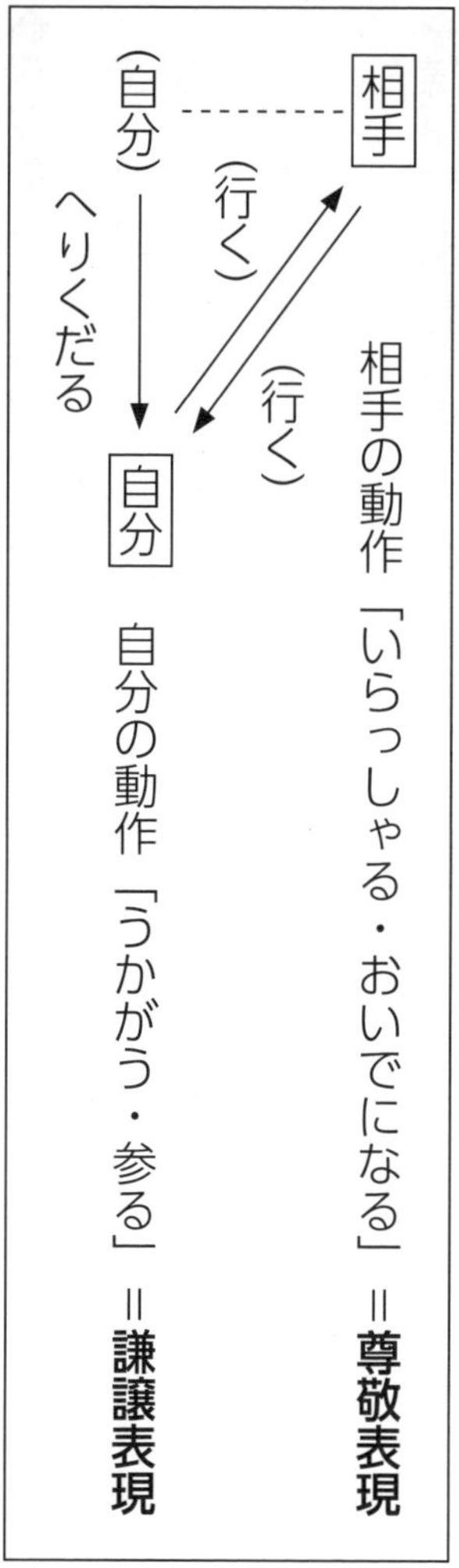

参考

尊敬表現・謙譲表現・丁寧表現

相手を上に置くのが尊敬表現、自分を下に置くのが謙譲表現、同じ立場の相手に「です・ます」で語りかけるのが丁寧表現です。次のページでくわしくまとめます。

◆**尊敬語（尊敬表現）**＝相手や話題にしている人物、あるいはその動作を敬《うやま》って使うことば。尊敬語の主語は当然、相手やその話題の人物になる。動詞《どうし》の場合、**「お〜になる」**という表現を用いたり、**「れる・られる」**をつけたりすると、そのまま尊敬表現になることが多い。

◆**謙譲語（謙譲表現）**＝自分や自分の身内、あるいはその動作を表すときに、「へりくだる」ことで、相手や話題となっている人物への敬意を表すことば。「謙遜語《けんそんご》」ともいう。謙譲語の主語は当然、自分や自分の身内になる。動詞の場合、**「〜申し上げる」「〜さし上げる」**という表現を用いると、謙譲表現になることが多い。

◆**丁寧語（丁寧表現）**＝話をするときに、丁寧な表現を用いることで、相手への敬意を示《しめ》すことば。**「〜です」「〜ます」**でしめくくったり、**「ございます」「おります」**を用いたり、名詞の頭に**「お〜」「ご〜」**をつけたりする。尊敬表現や謙譲表現と混《ま》ぜて使うことが多い。

参考

「お（ご）〜する」

「お送りする」「ご連絡《れんらく》する」のような使い方で、謙譲の意味を表します。

確《かく》認《にん》問《もん》題《だい》

解答 259ページ

1 次の①～⑧のことばの尊敬《そんけい》語を、あとのア～クから選びましょう。

①来る・行く・いる　②言う　③見る　④ねる

⑤食う　⑥する　⑦くれる　⑧着る

ア　めしあがる　イ　いらっしゃる

ウ　おっしゃる　エ　くださる

オ　ごらんになる　カ　おめしになる

キ　なさる　ク　おやすみになる

2 次の①～⑥のことばの謙譲《けんじょう》語を、あとのア～カから選びましょう。

①行く　②見る　③会う

④もらう　⑤やる　⑥言う

ア　お目にかかる　イ　拝見《はいけん》する

ウ　さしあげる　エ　いただく・ちょうだいする

オ　まいる　カ　申す・申し上げる

3 次の1～5の――線部の中から、ア 尊敬語、イ 謙譲語、ウ 丁寧《ていねい》語、に当たるものを一つずつ選びましょう。

1. そこにいるのは誰《だれ》だい。
2. こちらから電話さしあげます。
3. 今日の試験はそんなに難《むずか》しいとは思いません。
4. あの人は立派《りっぱ》な仕事をされた。
5. 君はあの人のことをもっと敬《うやま》うべきだ。

4 次の1～3の――線部のことばを、先生をうやまう表現《ひょうげん》に直しましょう。

1. 先生がわたしたちに話をする。
2. わたしは先生から本をもらいました。
3. 先生、わたしの母が『よろしく』と言っていました。

5 次の1～3の――線部のことばを（　）の指示《しじ》にしたがって、別のことばで書き直しましょう。

1. あなたの言うとおりです。（尊敬語で）
2. 先生がご病気だとは聞いておりました。（謙譲語で）
3. あそこのお店には、買いたいものがない。（丁寧語で）

6 次の——線部のうち、この場面にふさわしくない表現が二つあります。それぞれ正しく書き直しましょう。

林「もしもし、私《わたし》は林と申しますが、先生はおりますか。」
私「父は出かけておりますが。」
林「いつごろ、お帰りになりますか。」
私「夕方になると思います。お帰りになりましたら、こちらから電話さしあげるようにいたします。」

9 ことわざ

ことわざは、「言葉の技《わざ》」に由来すると言われる、昔から言いならわされてきた短いひとまとまりの語句《ごく》のことで、**人生の教訓、生活の知恵《ちえ》などを、たとえなどを使い、巧《たく》みに言い表したもの**です。時代が変わっても役に立つ先人《せんじん》の教えですから、代表的なものは覚えておきましょう。

○生活の知恵を伝えたもの

(例)「かせぎに追いつく貧乏《びんぼう》なし」＝どんどんかせげば貧乏神の追いつくひまなどない。(勤勉《きんべん》に働けば生活は必ずよくなる。)

(例)「暑さ寒さも彼岸《ひがん》まで」＝秋の彼岸が来れば夏の暑さも終わり、春の彼岸が来れば冬の寒さも終わる。(どんな苦しいことでもいつかは終わりが来る。)

参考

ことわざのかんちがい

例えば「情《なさ》けは人のためならず」ということわざは、「他人に親切にしておけば、回り回って自分に返ってくる」という意味ですが、「同情《どうじょう》するのは本人のためにならない(あえて厳《きび》しく接《せっ》するべきだ)」と、逆《ぎゃく》の意味で誤用《ごよう》されることがあります。現代的な感覚でなんとなく使っていると、こ

○人生の教訓やきまり、いましめを伝えたもの

（例）「転ばぬ先のつえ」＝ものごとは、あらかじめ用心して失敗しないように心がけることが大切。（「ぬれぬさきの傘《かさ》」などと同じ。）

（例）「かっぱの川流れ」＝どんなにその道にすぐれていても、油断《ゆだん》すれば失敗することもある。（「弘法《こうぼう》も筆の誤《あやま》り」「猿《さる》も木から落ちる」などと同じ。）

○人間のもっている弱点を伝えたもの

（例）「苦しいときの神だのみ」＝ふだんは神など信じてもいないのに、自分が困《こま》ったときだけ神にいのったり、他人の力をあてにする、人間の身勝手さ。

（例）「とらぬたぬきの皮算用」＝まだつかまえてもいないうちから、たぬきの毛皮がどれくらいのお金になるかを計算する、先走ったおろかさ。（不確《ふたし》かなことに勝手に期待をかけ、それをもとにあれこれ計画すること。）

ういうまちがいをしてしまいます。知らないことわざを耳にしたときは、すぐに辞書を引いて意味を調べるようにしましょう。

確《かく》認《にん》問《もん》題《だい》

解答260ページ

1 次のことわざの（　）に入る動物の名前を、あとのア～コから選びましょう。

①井の中の（　）大海を知らず
②（　）に小判《こばん》
③能《のう》ある（　）は爪《つめ》をかくす
④（　）の甲《こう》より年の功
⑤（　）も木から落ちる
⑥（　）も歩けば棒《ぼう》に当たる
⑦（　）の耳に念仏《ねんぶつ》
⑧月と（　）
⑨とらぬ（　）の皮算用
⑩立つ（　）後をにごさず

ア たぬき　**イ** すっぽん　**ウ** かめ　**エ** たか　**オ** さる
カ ねこ　**キ** いぬ　**ク** とり　**ケ** かわず　**コ** うま

2 次のことわざと関係のあることばを、あとのア～コから選びましょう。

①石橋をたたいて渡《わた》る
②帯に短したすきに長し
③身から出たさび
④どんぐりの背比《せいくら》べ
⑤良薬は口に苦し
⑥雨だれ石をうがつ

⑦あぶはちとらず
⑧枯《か》れ木も山のにぎわい
⑨縁《えん》の下の力もち
⑩えびでたいをつる

ア 大きな利益《りえき》を得《え》る
イ ちがいがない
ウ どちらも得られない
エ ないよりまし
オ かげの苦労
カ 自分が悪い
キ 中途半端《ちゅうとはんぱ》
ク きびしい忠告《ちゅうこく》はためになる
ケ 積み重ねが結果を生む
コ 用心深い

3 **次のことわざと似《に》た意味のことわざを、あとのア～オから選びましょう。**

①念には念を入れよ
②ちりもつもれば山となる
③急がば回れ

ア 石橋をたたいてわたる
イ せいては事をしそんじる
ウ 千里の道も一歩から
エ 一石二鳥
オ どんぐりの背比べ

10 慣用句《かんようく》

「慣用《かんよう》」とは「使い慣《な》れた」という意味で、**慣用句《かんようく》**とは、**人々のあいだで言いならわされて「きまり文句《もんく》」となったことば**のことです。二つ以上のことばが組み合わさってできており、一つ一つのことばのもとの意味をはなれて、ひとまとまりで、ある特別な意味を表します。つまり、慣用句の意味は、その言葉どおりの意味とは異《こと》なるので、注意が必要です。

(例) ア　階段《かいだん》でつまずいて骨《ほね》を折る。
　　イ　計画の実現《じつげん》に骨を折る。

アは慣用句ではなく、「骨折《こっせつ》した」という普通《ふつう》の意味です。イは慣用句で、「苦労する」という意味です。このようなちがいに注意しましょう。

○人間の体の一部分を使った慣用句

手に負えない＝もてあます。　足が棒《ぼう》になる＝足の筋肉がこわばる。
舌《した》を巻《ま》く＝驚《おどろ》いて感動する。　目がない＝好物だ。
鼻が高い＝得意《とくい》である。　口を割《わ》る＝白状《はくじょう》する。
耳が痛《いた》い＝自分の弱点をついていて、聞くのがつらい。
歯が立たない＝相手が強すぎてとてもかなわない。
顔から火が出る＝恥《は》ずかしくて顔が赤くなる。
首を長くする＝今か今かと待ちこがれる。
腹《はら》をさぐる＝それとなく相手の本心を知ろうとする。
肩《かた》を持つ＝対立しているものの一方の味方をする。ひいきをする。

○その他の代表的な慣用句

馬が合う＝相手と気が合う。　虫が知らせる＝予感がする。
さじを投げる＝見込《みこ》みがないのであきらめる。
たかをくくる＝大したことはないと見くびる。
筆が立つ＝文章を書くのがうまい。

参考

慣用句に接《せっ》する機会

上にあげたような慣用句はよく知られたものですが、それでも、日常会話の中で使うことがだんだん少なくなってきました。小説やテレビドラマや映画、あるいは落語や講談《こうだん》や浪曲《ろうきょく》の中で耳にしたら、ぜひ自分のものにして下さい。

確《かく》認《にん》問《もん》題《だい》

解答260ページ

1 **次の①～⑤のことばが下の（　）のような意味を表すように、□に入る適当なことばを、あとのア～コから選びましょう。**

①□が広い（大勢《おおぜい》の人と知り合いである）

②□にかける（得意《とくい》になる）

③□をなでおろす（ほっと安心する）

④□がまわる（とてもいそがしい）

⑤□につかない（他に気を取られて熱中できない）

ア 頭　**イ** 顔　**ウ** 目　**エ** 耳　**オ** 鼻

カ 口　**キ** 胸《むね》　**ク** 腹《はら》　**ケ** 手　**コ** 足

2 **次の①～⑩のことばの意味として適当なものを、あとのア～コから選びましょう。**

①目がない　②目をぬすむ　③目をかける

④耳が痛《いた》い　⑤耳を傾《かたむ》ける　⑥□をきく

⑦口を割《わ》る　⑧口にのぼる　⑨鼻にかける
⑩鼻であしらう

ア よく聞く　**イ** ひいきにする　**ウ** 好物である
エ 白状《はくじょう》する　**オ** うわさされる　**カ** こっそりやる
キ 冷淡《れいたん》にする　**ク** 自慢《じまん》する　**ケ** 弱点をつかれる
コ 仲介《ちゅうかい》する

3 次の1～4のことばの正しい意味を、（　）内から一つ選びましょう。

1. 油をしぼる（**ア** やせる　**イ** 石油を見つける　**ウ** きびしく注意する　**エ** よくしゃべる）

2. さじを投げる（**ア** けんかを売る　**イ** 食べる気がしない　**ウ** あきらめてしまう　**エ** 大切なものをこわす）

3. あげ足をとる（**ア** すもうの決まり手の一つ　**イ** 親切に人を手伝う　**ウ** 人の言葉尻《じり》をとらえてなじる　**エ** くつをみがいてやる）

4. 足をのばす（**ア** のんびりくつろぐ　**イ** 歩いている人に足をかける　**ウ** さらに遠くまでいく　**エ** 足を痛《いた》める）

11 あいまい文

（例）わたしは、きのう学校へ行っていなかったよ。

この文で、「わたし」はきのう、学校へ「行った」と言っているのか、それとも「行かなかった」と言っているのか、どちらにも読めてしまいます。このような文を、**あいまい文（多義《たぎ》文）**といいます。誤解《ごかい》を招《まね》かないようにするには、この例では、次の三通りの対応《たいおう》が考えられます。

1 読点《とうてん》をひとつくわえる。

わたしは、きのう学校へ行って、いなかったよ。

とすれば、「わたしは」「学校へ行って」いたので「いなかった」、つまり「学校へ行った」ことになります。

2　ことばの順序《じゅんじょ》を変える。

きのう学校へ行って、わたしはいなかったよ。

とすれば、「学校へ行った」ことがはっきりします。

3　読点を打つところを変える。

わたしはきのう、学校へ行っていなかったよ。

とすれば、「わたし」は「行かなかった」ことになります。

最初の例文のように、文の切り方や、「修飾語《しゅうしょくご》」と「被《ひ》修飾語」との対応《たいおう》によって、一つの文が複数《ふくすう》の意味を伝えてしまうあいまい文が生まれてしまうのは、よくあることです。文の中の**「修飾—被修飾」をしっかり限定《げんてい》**できれば、このような多義性《せい》はなくなり、正確《せいかく》に相手に内容《ないよう》が伝わります。文章を書く際《さい》に、注意して下さい。

以下の例文は、いずれも、**傍線《ぼうせん》部がどこを修飾しているかがあいまい**であるため、複数の意味が生じるあいまい文になってしまっています。

参考
作文の中のあいまい文
うっかりあいまい文を書いてしまわないように、作文を書くときは、少し時間を置いてから、読み直してチェックする習《しゅう》慣《かん》をつけて下さい。

(例) 警察官《けいさつ》は必死になって逃《に》げるどろぼうを追いかけた。

→「必死になって逃げている」のか「必死になって追いかけた」のかがわからない。

(例) 彼《かれ》は笑いながら話している友だちを眺《なが》めた。

→「笑いながら話している」のか「笑いながら眺めた」のかがわからない。

(例) 一時間ほど食事をしたあとで散歩をした。

→「一時間ほど食事をした」のか「一時間ほど散歩をした」のかがわからない。

(例) きょうはきのうのように天気がよくない。

→「きのう」は「天気」が「よかった」のか「よくなかった」のかがわからない。

確《かく》認《にん》問《もん》題《だい》

解答260ページ

1 次の文は、このままでは二通りの意味にとれます。あとの①②の意味になるように、それぞれ読点《とうてん》(、)を一つだけくわえた文を答えましょう。

私《わたし》は汗《あせ》をふきながらがんばる親友の肩《かた》をたたいた。

①(意味) 汗をふいているのは私である。

②(意味) 汗をふいているのは親友である。

2 「太郎《たろう》は次郎のように幸福ではない。」という文は、次の三通りのちがった意味にとることができます。ア〜オに、「幸福」「不幸」ということばのうち、適当《てきとう》な方を入れて、それぞれの文を完成させましょう。

1. 太郎は〔 **ア** 〕で、次郎は〔 **イ** 〕だ。

2. 太郎も次郎も〔 **ウ** 〕だ。

3. 太郎も次郎も〔 **エ** 〕だが、太郎の〔 **オ** 〕さは次郎ほどではない。

12 国語辞書の使い方

国語辞書を引くときに、知っておくべきポイントが三つあります。

1 五十音順で引く。

①第一音が同じ音のときは、第二音が五十音順、第二音まで同じ音のときは、第三音が五十音順になる。
（ふかい→ふかさ→ふかみ）

②濁音《だくおん》は清音《せいおん》の後、半濁音は濁音の後になる。
（ひゅうひゅう→びゅうびゅう→ぴゅうぴゅう）

③小さく書く「っ・ゃ・ゅ・ょ」などは、ふつうの大きさの「つ・や・

参考
紙の辞書と電子辞書
上記はもちろん、紙の辞書を引くときのルールであり、電子辞書を引くときには気にしなくてよいことです。すぐにほしい情報《じょうほう》にたどりつけるのは、電子辞書の長所ですが、色々な言葉の意味を読み物として気ままに楽しめるのは、紙の辞書の長所です。まだ頭のやわらかい小学生のみなさん

ゆ・よ」の後にくる。（器用＝きよう→今日＝きょう）

④外来語の長音（長くのばす音）の扱《あつか》いは辞書によってちがう場合があるので、それぞれの辞書の最初にのっている「凡例《はんれい》（使い方）」をよく読んでおく。

（例）長音の部分を数えない。

（「ベートーベン」を「ベトベン」とみなす）

（例）長音を母音におきかえる。

（ベートーベンを「ベエトオベン」とみなす）

2　言い切りの形で引く。活用のある単語は言い切りに直す。

（行こう→行く　美しく→美しい　食べたい→食べる）

3　慣用句《かんようく》などは中心の語で引く。

（腹《はら》が立つ→「腹」で引く）

には、ぜひ紙の辞書に親しんでもらいたいです。

清音《せいおん》・濁音《だくおん》・半濁音

「は行」を例にとるなら、「はひふへほ」を清音、「ばびぶべぼ」を濁音、「ぱぴぷぺぽ」を半濁音といいます。

確《かく》認《にん》問《もん》題《だい》

解答261ページ

1 次のア～シのことばを国語辞書で調べると、どのような順序《じゅんじょ》で出ていますか。出ている順に記号で答えましょう。

ア かいつまむ　**イ** かすれる　**ウ** かじかむ　**エ** ことさら
オ しおらしい　**カ** せしめる　**キ** かこつける　**ク** おとり
ケ こじつける　**コ** せつない　**サ** しらける　**シ** こんこんと

2 次の――線部のことばを、国語辞書で引ける形（言い切りの形）に直しましょう。

1. 健康をそこなって入院した。
2. 試験が近いというのに、勉強がはかばかしく進まない。
3. 目的のむらまではかなり遠かった。
4. 疑《うたが》えば、きりがない。
5. 倉庫に荷物がおさめられている。
6. 食事をし、その後で、遊びに行く。

7. 台風が来て、家がこわれた。
8. 伝染《でんせん》病は、人間の生命をうばい、幸福をふみにじる。
9. サイレンがけたたましく鳴る。
10. 寒くて、手がかじかんだ。

3 次の各組のことばを国語辞書で調べると、どのような順序で出ていますか。出ている順に記号で答えましょう。

1. **ア** ごうとう　**イ** こうどう　**ウ** こうとう
   エ ごうどう　**オ** こうど
2. **ア** ポンプ　**イ** ボンベ　**ウ** 本箱　**エ** 本場　**オ** 本部
3. **ア** ぼうけん　**イ** ほうげき　**ウ** ほうけん
   エ ぼうげん　**オ** ほうげん

13 日本語の種類と歴史《れきし》

日本語は大きく分けて**「和語・漢語・外来語」**の三種類から構成《こうせい》されています。

「和語」は**「大和《やまと》ことば」**のことで、「大和」は日本の古称《こしょう》（昔の呼《よ》び名）です。もともと日本には固有の文字がなく、日本人は話し言葉だけでやりとりをしていたと考えられます。

その日本に、中国大陸から朝鮮《ちょうせん》半島を経由《けいゆ》して、文字が伝わりました。これが**「漢語・漢字」**です。文字の出現《しゅつげん》は日本人にとって画期的な出来事で、知識《ちしき》のある日本人は、「漢語」の文法を身につけ、「漢語」で物事を記録するようになりました。

しかし、語順や語句《ごく》の意味など、ことばの構造《こうぞう》の異《こと》なる「漢語」で日本のことを書くのは無理な面もあり、「文字だけ中国のものを使って、日本語を書き表すことはできないか？」という思いが生じたようです。

こうして漢字を、意味に関係なく、音として用いて、日本語を書き表す方法が生まれました。『万葉集』を中心とする奈良時代の文献《ぶんけん》に見られることから、これを**「万葉仮名《まんようがな》」**といいます。例えば、「なつかし」を「奈《な》都可思《つかし》」と書いたりします。

これはやがて、漢字の一部分を使って、より簡潔《かんけつ》な文字に仕上げられていきました。それが**「片仮名《かたかな》」**です。例えば、「阿《あ》」の左半分を使って「ア」、「宇《う》」の上の部分を使って「ウ」、というふうに、音を表す文字を発明しました。

さらに、漢字の一部分ではなく全体から、**「平仮名《ひらがな》」**を発明しました。「安」の形をくずして「あ」、「計」をくずして「け」、「曽《そ》」から「そ」、「女《め》」から「め」、という具合です。

こうして、それまでの**「意味を表す漢字」**に加えて、**「音を表す仮名《かな》」**が生まれたことにより、日本語の文章表現はたいへん豊《ゆた》かなものになりました。平安時代に入ると、「漢字・片仮名・平仮名」をまぜて表記する**「漢字仮名まじり文」**も確立《かくりつ》しました。

そして戦国時代以降《いこう》、欧米諸国《おうべいしょこく》との交流が始まると、**「外来語」**が流入し、これを一般的《いっぱん》には片仮名で表記する習慣《しゅうかん》が定着しました。現在の日本人のくらしは、「外来語」を抜《ぬ》きにしては成り立ちません。つまり「外来語」も、日本語の欠かせない一部分です。

このように、長い歴史《れきし》を経《へ》て、

日本にもともとあることば＝和語
中国から文字でもたらされたことば＝漢語
中国以外の国々からもたらされたことば＝外来語

が、日本語の三要素《さんようそ》となりました。

参考
日本語の書き言葉
上記をわかりやすくまとめれば、外国（中国）から来た文字を、日本語の話し言葉にあてはめてなんとかうまく使いこなそうと、先人たちが工夫した結果生まれたのが、こうやって私たちが読み書きしている、日本語の書き言葉だということになります。

確《かく》認《にん》問《もん》題《だい》

解答261ページ

1 次のア〜エに入る語句《ごく》を、あとの語群から選びましょう。

日本語は、大きく分けると、（ア）、（イ）、（ウ）の三つでできています。

ひらがなで書かれることばや、漢字で表記され訓読みすることばは、昔から日本にある（**ア**）であることが多いです。例えば、「歩《ある》く」「見《み》る」「やさしい」「たのしい」「雨《あめ》」「花《はな》」「物語《ものがたり》」「時鳥《ほととぎす》」などです。

漢字で表記され音読みすることばは（**イ**）です。例えば、「少年」「故郷《こきょう》」「夜間」「銀河《ぎんが》」「月光」などです。ただし、「科学」「自由」といった熟語《じゅくご》は、明治時代に入ってから日本で作った熟語なので、（**エ**）と呼《よ》ぶこともあります。

（**ウ**）は、中国以外の外国から入ってきたことばで、カタカナで表記されることが多いです。「パン」「バター」「ナイフ」「フォーク」「スプーン」などです。

〈語群〉 漢語・和語・外来語・和製《わせい》漢語

14 漢字の音訓（1）

漢字には、**音読みと訓読み**という、二つの読み方があります。漢字が中国から伝わったときの発音をもとにしたのが「音読み」、もともと日本にあったことばの読み方を、漢字の持っている意味にあてはめたのが「訓読み」です。

(例)	海	車	土	風	山	足	東
音読み	カイ	シャ	ド	フウ	サン	ソク	トウ
訓読み	うみ	くるま	つち	かぜ	やま	あし	ひがし

◆**音読み**……もともと**中国の発音をまねたもの**なので、その漢字一字の音を聞いただけでは、意味ははっきりとはわかりません（右の例の音読み

をもう一度見て下さい。「カイ」と聞いただけでは、それが「海」を意味するかどうかは、わからないですよね）。二字以上の熟語《じゅくご》では、音読みする場合が多いです（例えば「深海」は「シンカイ」と音読みします）。また、漢字の中には、音読みしかしないものも多数あります。

（音読みだけの例）愛・医・院・英・央・画・刊《かん》・校・士《し》・隊など

◆**訓読み**……もともと**日本にあった読み方**なので、漢字一字を聞くだけでもだいたい意味がわかります（例えば「海」を「うみ」と読めば、すぐに意味はわかりますね）。ふつうは一字だけで使われたり、おくりがなをつけて使われたりします。訓読みしかしない字もあり、数は少ないですが、「漢字」に対して「国字」や「和製《わせい》漢字」と呼《よ》ばれ、当然ながら中国から伝わったものではなく、日本で作られた文字です。

（訓読みだけの例）畑・笹《ささ》・峠《とうげ》・辻《つじ》・芋《いも》・貝・株《かぶ》など

◆**間違《まちが》えやすい読み**……「訓読みと間違えやすい音読み」「音読みと間違えやすい訓読み」に注意しましょう。

(例) 訓読みと間違えやすい音読み

絵(エ)・駅(エキ)・円(エン)・王(オウ)・階(カイ)

客(キャク)・金(キン)・銀(ギン)・席(セキ)

線(セン)・台(ダイ)・茶(チャ)・鉄(テツ)・毒(ドク)

肉(ニク)・百(ヒャク)・秒(ビョウ)・服(フク)・本(ホン)

役(ヤク)・陸(リク)など

(例) 音読みと間違えやすい訓読み

日(か・ひ)・音(ね)・千(ち)・家(や)・間(ま)・場(ば)

夜(よ)・野(の)・屋(や)・根(ね)・実(み)・身(み)

代(よ)・氷(ひ)・路(じ)・菜(な)・真(ま)・相(あい)

辺(べ)・輪(わ)など

さらにこれらが熟語の中で用いられると、どれが音読みでどれが訓読みなのか判断《はんだん》に迷《まよ》うことがあります。対策《たいさく》としては、ふだん熟語に接《せっ》したときに、なるべく考えたり調べたりしながら、読む習慣《しゅうかん》をつけるしかありません。

(例) 線路(センロ) 野菜(ヤサイ) 深夜(シンヤ) =音読み
旅路(たびじ) 野原(ノハラ) 夜空(ヨゾラ) =訓読み

参考

音読み・訓読みに親しむには

漢和辞典を引くと、必ず漢字の音読み・訓読みが書かれていますので、音読み・訓読みに親しむには、漢和辞典を日常的に使いこなすことをおすすめします。感覚的な判断だけでは、音読み・訓読みを識別《しきべつ》するのはなかなか難《むずか》しいです。

確《かく》認《にん》問《もん》題《だい》

解答 262ページ

1 次の――線部の漢字の読みと同じ読み方をするものを、それぞれア～エから選びましょう。

1. 無言　（ア 言行　イ 言論《ろん》　ウ 伝言　エ 断《だん》言）
2. 無表情《じょう》　（ア 無事　イ 無礼　ウ 無音　エ 無精《しょう》）
3. 都合　（ア 都会　イ 都心　ウ 旧《きゅう》都　エ 都度）
4. 文句《く》　（ア 文筆　イ 天文　ウ 文学　エ 和文）
5. 万感　（ア 万一　イ 万病　ウ 万物　エ 万年筆）
6. 人形　（ア 形成　イ 図形　ウ 形相　エ 形態《たい》）
7. 作用　（ア 作戦　イ 作家　ウ 動作　エ 作曲）
8. 細工　（ア 加工　イ 工面　ウ 工場　エ 工具）
9. 楽園　（ア 楽屋　イ 器楽　ウ 楽団《だん》　エ 行楽）

2 次の漢字の音読みをカタカナで、訓読みをひらがなで、それぞれ書きましょう。

1. 種　2. 輪　3. 幹　4. 綿　5. 額

3 次の各組の熟語《じゅくご》の読み方を答えましょう。

①反省・省略　②引率・能率　③例外・外科　④合作・都合
⑤指図・意図　⑥細工・工作　⑦音楽・楽天　⑧自然・天然
⑨建立・起立　⑩書物・農産物　⑪午後・後半　⑫元気・気配
⑬雑草・雑木林　⑭行列・行進　⑮正月・名月

4 次の――線部のひらがなを漢字（とおくりがな）に直しましょう。

1. ミルクをあたためる／部屋をあたためる
2. 家がたつ／木がたつ／関係をたつ
3. 国をおさめる／税《ぜい》をおさめる／学問をおさめる
4. ふく雑《ざつ》な地形／ふく習をする

15 漢字の音訓（2）

○熟語《じゅくご》の読み方

二字熟語の読み方は、上の字が音読みなら下の字も音読み、上の字が訓読みなら下の字も訓読み、というのが原則《げんそく》です。しかも実際《じっさい》は、**熟語の大部分は「音・音」**で読みます。

ただ、「上が音読みで下が訓読み」「上が訓読みで下が音読み」という例外もあります。これらは、慣用《かんよう》的に読み継《つ》がれてきたもので、限《かぎ》られた数の熟語にしかあてはまりません。したがって、**二字熟語の読み方は原則的に「音・音」「訓・訓」が正しく、例外的に「音・訓」「訓・音」という読み方がある**、と覚えましょう。

○「重箱《じゅうばこ》読み」と「湯桶《ゆとう》読み」

例外的な読み方を、「重箱読み」と「湯桶読み」と呼《よ》びます。**「重箱」は「音・訓読み」**を指し、**「湯桶」は「訓・音読み」**を指しています。「重箱」は「重ねた箱」のことなのだから、「かさねばこ」と「訓・訓」で読む方がわかりやすいのですが、「音・訓」で読みますし、「湯桶」も「湯を入れた桶」のことなのだから、「ゆおけ」と「訓・訓」で読む方がわかりやすいのですが、「訓・音」で読みます。

このように、例外的な読み方が定着した熟語は、数が限られるので、代表的なものは覚えてしまいましょう。

○熟語の読み方のまとめ

①**音・音読み**＝大部分の熟語がこの型《かた》。

学習（ガクシュウ）・社会（シャカイ）・読書（ドクショ）

交通（コウツウ）・委員（イイン）・時間（ジカン）・参加（サンカ）

②**訓・訓読み**＝多くはないが、熟語の読み方としては正しいもの。

朝日（あさひ）・植木（うえき）・小鳥（ことり）・草花（くさばな）

参考

重箱読みと湯桶読み

漢字の読み方が頭に入ってくると、熟語も、漢字から読み方を推定《すいてい》できるようになります。そのときに間違《まちが》いやすいのが、重箱読みと湯桶読みです。自分では気がつかないことも多いので、人が話しているのを聞いて「あれ？」と思ったときには、必ず辞書を引いて確認《かくにん》して下さい。

昼間（ひるま）・右手（みぎて）・着物（きもの）・宿屋（やどや）

③**重箱読み**＝限られた特別な読み方である、**音・訓読み**

重箱（ジュウばこ）・王様（オウさま）・台所（ダイどころ）

番組（バンぐみ）・試合（シあい）・役目（ヤクめ）・金色（キンいろ）

④**湯桶読み**＝限られた特別な読み方である、**訓・音読み**

湯桶（ゆトウ）・手本（てホン）・野宿（のジュク）・荷物（にモツ）

消印（けしイン）・身分（みブン）・合図（あいズ）・赤字（あかジ）

○**二重読みができる熟語**

ごくまれに、「音・音読み」も「訓・訓読み」も成り立つ、**二重読み**のできる熟語があります。微妙《びみょう》にニュアンスが変わることもあります。

（例）父母（フボ・ちちはは）・上下（ジョウゲ・うえした）

音色（オンショク・ねいろ）・草木（ソウモク・くさき）

確《かく》認《にん》問《もん》題《だい》

解答263ページ

1 次の①～㉚の熟語《じゅくご》の読みを、音読みの部分はカタカナで、訓読みの部分はひらがなで答えましょう。

①家屋　②屋根　③夜道　④夜間　⑤客間
⑥役場　⑦線路　⑧旅路　⑨荷物　⑩植物
⑪物語　⑫出荷　⑬絵本　⑭絵画　⑮計画
⑯駅前　⑰肉食　⑱旗印　⑲関所　⑳王様
㉑合図　㉒陸地　㉓番組　㉔野原　㉕宿屋
㉖指図　㉗新芽　㉘麦芽　㉙消印　㉚両側

2 熟語の読みには、①音・音読み、②訓・訓読み、③重箱《じゅうばこ》読み（音・訓読み）、④湯桶《ゆとう》読み（訓・音読み）の四通りがあります。次のア～クの熟語はそれぞれ①～④のどれにあたりますか。

ア　仕事　**イ**　野原　**ウ**　絵画　**エ**　関所
オ　両手　**カ**　復旧　**キ**　緑茶　**ク**　名前

16 漢字の音訓（3）

○特別な読み方をすることば

「音訓」を使った熟語の中に、少数ですが、「重箱《じゅうばこ》読み」「湯桶《ゆとう》読み」という例外がありました。これとは別に、「音訓に特にこだわらず、昔から慣用《かんよう》的に定着している、特別な読み方」をすることばがあります。

例えば「明日」ということばは、「ミョウニチ」と読めば「音・音読み」の熟語ですが、それ以外に「あす」という読み方がありますね。この「あす」は、音読みでしょうか、訓読みでしょうか？

これは実は、いずれにもあてはまらない特別な読み方である「熟字訓《じゅくじくん》」です。**「熟字訓」は、熟語全体で特別な読み方をするものです**。一字一字の読み方にはこだわりませんので、読みまちがいをしないように、注意して下さい。

○代表的な熟字訓

明日（あす）・小豆（あずき）・海女（あま）・意気地（いくじ）
田舎（いなか）・海原（うなばら）・乳母（うば）・笑顔（えがお）
お母（かあ）さん・お父（とう）さん・大人（おとな）
乙女（おとめ）・母屋（おもや）・神楽（かぐら）・風邪（かぜ）
川原（かわら）・昨日（きのう）・今日（きょう）・果物（くだもの）
今朝（けさ）・景色（けしき）・心地（ここち）・今年（ことし）
早乙女（さおとめ）・雑魚（ざこ）・差し支（つか）える
五月（さつき）・五月雨（さみだれ）・時雨（しぐれ）・竹刀（しない）
芝生（しばふ）・清水（しみず）・三味線（しゃみせん）
砂利（じゃり）・上手（じょうず）・白髪（しらが）・素人（しろうと）
師走（しわす）・相撲（すもう）・山車（だし）・太刀（たち）
立ち退（の）く・七夕（たなばた）・足袋（たび）・一日（ついたち）
梅雨（つゆ）・凸凹（でこぼこ）・手伝（てつだ）う
伝馬船（てんません）・十重二十重（とえはたえ）・読経（どきょう）
時計（とけい）・仲人（なこうど）・名残（なごり）・雪崩（なだれ）

参考

熟字訓の漢字
上記の一覧《いちらん》からわかるように、熟字訓は、聞いたことはあるのに、漢字で書こうとすると難《むずか》しいものが多いです。知らない言葉を耳にしたときは、想像で勝手な字を当てはめないように、注意して下さい。

兄（にい）さん・姉（ねえ）さん・野良（のら）・博士（はかせ）

二十歳（はたち）・二十日（はつか）・波止場（はとば）

一人（ひとり）・日和（ひより）・二人（ふたり）・二日（ふつか）

吹雪（ふぶき）・下手（へた）・部屋（へや）・迷子（まいご）

真っ赤（まっか）・真っ青（まっさお）・土産（みやげ）

息子（むすこ）・眼鏡（めがね）・紅葉（もみじ）・木綿（もめん）

最寄（もよ）り・八百長（やおちょう）・八百屋（やおや）

大和（やまと）・浴衣（ゆかた）・行方（ゆくえ）・寄席（よせ）

若人（わこうど）

○特定の字だけに使われる音・訓

「熟字訓」の中には入りませんが、限《かぎ》られた漢字だけに使われる、特殊《とくしゅ》な音訓があります。これも、昔からの慣用的・伝統的な読み方です。

雨雲（あまぐも）・天（あま）の川・一切（いっさい）

稲作（いなさく）・上役（うわやく）・絵馬（えま）・和尚（おしょう）

音頭（おんど）・街道（かいどう）・風上（かざかみ）

合戦（かっせん）・金物（かなもの）・彼女（かのじょ）
神主（かんぬし）・功徳（くどく）・工夫（くふう）・供物（くもつ）
久遠（くおん）・境内（けいだい）・仮病（けびょう）
神々（こうごう）しい・格子（こうし）・黄金（こがね）
石高（こくだか）・木立（こだち）・声色（こわいろ）・権化（ごんげ）
今昔（こんじゃく）・建立（こんりゅう）・最期（さいご）
酒屋（さかや）・再来年（さらいねん）・磁石（じしゃく）
支度（したく）・赤銅（しゃくどう）・衆生（しゅじょう）
成就（じょうじゅ）・精進（しょうじん）・静脈（じょうみゃく）
白壁（しらかべ）・深紅（しんく）・出納（すいとう）・歳暮（せいぼ）
殺生（せっしょう）・荘厳（そうごん）・相殺（そうさい）
掃除（そうじ）・内裏（だいり）・手綱（たづな）・断食（だんじき）
反物（たんもの）・通夜（つや）・弟子（でし）・天井（てんじょう）
読点（とうてん）・問屋（とんや）・納得（なっとく）
納屋（なや）・苗代（なわしろ）・納戸（なんど）
暴露（ばくろ）・法度（はっと）・繁盛（はんじょう）

参考

仏教に由来する熟語

特殊《とくしゅ》な音訓の熟語の中には、仏教に由来する言葉が多数あります。上記では、「和尚」「功徳」「衆生」「精進」「殺生」などが仏教由来です。

拍子（ひょうし）・風情（ふぜい）・船旅（ふなたび）・坊主（ぼうず）
坊（ぼっ）ちゃん・目深（まぶか）・明星（みょうじょう）
六日（むいか）・面目（めんぼく）・亡者（もうじゃ）
由緒（ゆいしょ）・遊説（ゆうぜい）・遊山（ゆさん）・八日（ようか）
律儀（りちぎ）・留守（るす）・流転（るてん）・流布（るふ）
老若（ろうにゃく）・緑青（ろくしょう）

確《かく》認《にん》問《もん》題《だい》

解答263ページ

1 次の熟語《じゅくご》の読みをひらがなで書きましょう。

①今年 ②笑顔 ③田舎 ④七夕 ⑤海原
⑥海女 ⑦日和 ⑧果物 ⑨土産 ⑩太刀
⑪師走 ⑫精進 ⑬建立 ⑭相殺 ⑮修行
⑯境内 ⑰帰省 ⑱有無 ⑲久遠 ⑳気配

2 次の熟語の――線部と同じ読み方をする漢字を含《ふく》む熟語を、下のア～オから一つずつ選びましょう。

① 口調 （**ア** 口外 **イ** 口座《ざ》 **ウ** 口実 **エ** 閉《へい》口 **オ** 口伝）
② 後年 （**ア** 後日 **イ** 後任《にん》 **ウ** 後光 **エ** 午後 **オ** 後刻《こく》）
③ 発刊《かん》 （**ア** 発心 **イ** 発句《く》 **ウ** 発起 **エ** 発作 **オ** 発展《てん》）
④ 流布《ふ》 （**ア** 流転 **イ** 流失 **ウ** 流通 **エ** 急流 **オ** 末流）
⑤ 重責《せき》 （**ア** 貴《き》重 **イ** 軽重 **ウ** 自重 **エ** 体重 **オ** 尊《そん》重）

17 二字熟語《じゅくご》

◆**二字熟語《じゅくご》**……上と下の漢字の関係によって、以下のように分類することができます。

①**上が下を修《しゅう》飾《しょく》する**（上から下へ読むと、そのまま意味がわかる）

□↓□　（例）親しい友＝親友

青空・少量・曲線・速球・短所・黒板・早朝・古代

②**下に目的語などがくる**（下の字に「〜に、〜を」をつけて下から上へ）

□↑□　（例）山に登る＝登山

乗車・帰国・着席・作文・読書・習字・出題

③同じ意味や似《に》た意味の字を組み合わせたもの

○○　(例) 暗い・黒い＝暗黒

増加《ぞうか》・調整・表現《ひょうげん》・永久《えいきゅう》・生産・記述《きじゅつ》・満足

④反対の意味の字を組み合わせたもの

○●　(例) 明るい・暗い＝明暗《めいあん》

男女・有無《うむ》・強弱・開閉《かいへい》・加減《かげん》・多少・動静《どうせい》・苦楽《くらく》

⑤上が主語で下が述語《じゅつご》

□が□　(例) 日が没《ぼっ》する＝日没《にちぼつ》

地震《じしん》・人造《じんぞう》・日照《にっしょう》・年長・公立・県営《けんえい》・国定

⑥上に打ち消しの字「不・無・非《ひ》・未」を置く

×□　(例) 不利・不満・無理・無実・無事・無限《むげん》・非常《ひじょう》・非情《ひじょう》・

悲運・未開・未来

⑦下に状態《じょうたい》・性質《せいしつ》を表す字「性《せい》・的・然・化」などを置く

□□― （例）美的・詩的・知性・悪性・当然・必然・天然《てんねん》・美化・
悪化・転化

⑧同じ字を重ねて強調する

□々 （例）点々・草々《そうそう》・山々・木々・口々・数々・色々・様々・
堂々《どうどう》・方々（かたがた・ほうぼう）

⑨長い熟語を省略《しょうりゃく》したもの

□…□… （例）国際《さい》連合＝国連・入学試験＝入試・特別急行＝特急

⑩字や組み立てに関係なく、その語特有の意味をもつ

（例）矛盾《むじゅん》＝くいちがい・光陰《こういん》＝年月の経過《けいか》・黒字＝利益《りえき》

確《かく》認《にん》問《もん》題《だい》

解答264ページ

1 次の①〜⑥の□の中に、反対の意味の漢字を一字入れ、二字の熟語《じゅくご》を作りましょう。

①□暖《だん》　②苦□　③明□　④□借　⑤利□　⑥晴□

2 次の漢字の中から似《に》ている意味を持つものを組み合わせて、五つの熟語を作りましょう。

喜《き》　解《かい》　通　画　学　務《む》

絵　活　行　歓《かん》　放　勤《きん》

3 次の①〜③の熟語と、漢字の組み合わせの分類が同じものを、あとのア〜クからそれぞれ二つずつ選びましょう。

①作文　②身体　③異同《いどう》

ア 読書　**イ** 不幸　**ウ** 明暗　**エ** 朝食

オ 河川《かせん》　**カ** 登山　**キ** 絵画　**ク** 善悪《ぜんあく》

18 三字熟語《じゅくご》・四字熟語

◆**三字熟語《じゅくご》**……二字熟語ほどはっきりしたものではありませんが、以下のように、三字熟語の場合も二字熟語と同じような組み立てが考えられます。

①**二字熟語＋漢字一字**

□□■　(例)　優越《ゆうえつ》＋感＝優越感・愛読＋書＝愛読書・音楽＋家＝音楽家

②**漢字一字＋二字熟語**

■□□　(例)　犬＋小屋＝犬小屋・東＋日本＝東日本・食＋生活＝食生活

③**打ち消しの「不・無・非《ひ》・未」＋二字熟語**

×□□　(例) 無＋意味＝無意味

不自由・未完成・非常識《じょうしき》・非売品・不気味

④**二字熟語＋状態《じょうたい》・性質《せいしつ》の「的・化・性《せい》・用」**

□□＝　(例) 機械＋化＝機械化

工業用・家庭的・安全性・近代化・学習用

⑤**三文字が対等の関係で並《なら》んでいるもの**

□・□・□　(例) 衣＋食＋住＝衣食住

松竹梅・上中下・小中高・天地人・大中小

◆**四字熟語**……単純《たんじゅん》な四字熟語の場合、組み立てはほぼ二字・三字熟語と変わりません。ただ、特殊《とくしゅ》な四字熟語がしばしばあるので、出会ったら辞書で調べましょう。

①三字熟語＋漢字一字
□□□■　(例)密輸入《みつゆにゅう》＋品＝密輸入品・立候補《りっこうほ》＋者＝立候補者

②漢字一字＋三字熟語
■□□□　(例)大＋政治家《せいじか》＝大政治家・脱《だつ》＋工業化＝脱工業化

③上二字が下二字を修飾《しゅうしょく》
□□→■■　(例)社会問題・専制政治《せんせいせいじ》・観光都市

④上二字と下二字が反対
○○●●　(例)右往左往《うおうさおう》・質疑応答・一進一退《いっしんいったい》

⑤四文字が対等の関係で並んでいるもの
□・□・□・□　(例)東西南北・都道府県・起承転結《きしょうてんけつ》

確《かく》認《にん》問《もん》題《だい》

解答264ページ

1 次の①～④の□□に、あとのア～オからそれぞれ適当《てきとう》なものを入れて、三字熟語《じゅくご》を作りましょう。ただし、同じ記号は二度使いません。

①再《さい》□□　②好□□　③□□界　④□□的

ア 芸能《げいのう》　イ 大事　ウ 合理　エ 成績《せいせき》　オ 確認《かくにん》

2 次の①～⑤の四字熟語のア～ウの部分は、どの漢字を使うのが正しいでしょうか。

①非《ひ》（ア 情　イ 常　ウ 状）手段《しゅだん》
②大同小（ア 異　イ 違　ウ 以）
③蒸気《じょうき》（ア 器　イ 汽　ウ 機）関
④老化現《げん》（ア 像　イ 象　ウ 証）
⑤多種多（ア 要　イ 用　ウ 様）

19 同《どう》義《ぎ》語・反対語

◆**同義語**《どうぎ》……「同義」の「義」は「意味」ということなので、**「同義語＝同じ意味の語」**です。同類語・類義語などともいいます。ただし、同じ意味の語だからといって、必ずしも入れかえて使えるとは限《かぎ》らないので要注意です。

(例)「区別」「差別」は似《に》た意味ですが、全く同じ使い方はできない。

「AとBを区別する。」「外国人を差別してはいけない。」

①一字だけ同じ漢字を使ったもの

(例) 改良・改善《ぜん》　案外・意外　不満・不服　母国・祖《そ》国
失望・失意　目的・目標　永久《えいきゅう》・久遠《くおん》　信用・信頼《らい》

参考
同義語についての注意
同義語といっても、完全に同じ意味というわけではなく、微妙《びみょう》にニュアンスが異《こと》なることが多いので、特に作文を書く場合、使い分けに注意して下さい。

②同じ漢字を使わないもの

(例) 容易《ようい》・簡単《かんたん》　手段《しゅだん》・方法　真心《まごころ》・誠意《せいい》　書面・手紙
賛成《さんせい》・同意　消息《しょうそく》・音信《おんしん》　欠点・短所　心配・不安

◆**反対語**……同義語の逆《ぎゃく》で、**「反対の意味の語」**。反義語・対義語などともいいます。

①上に打ち消しの漢字がついたもの

(例) 安心↔不安　決定↔未定　飲酒↔禁《きん》酒　完結↔未完
有効《こう》↔無効　豊《ほう》作↔不作　平凡《ぼん》↔非《ひ》凡《ぼん》　必要↔不要

②一字だけ同じ漢字を使ったもの

(例) 直接《せつ》↔間接　送信↔受信　入院↔退《たい》院　予習↔復《ふく》習
消極↔積極　朝日↔夕日　長所↔短所　男性《せい》↔女性

③同じ漢字を使わないもの

(例) 前進↕後退《こうたい》　全体↕部分　理想↕現実《げんじつ》　需要《じゅよう》↕供給《きょうきゅう》

失敗↕成功　勝利↕敗北　容易《ようい》↕困難《こんなん》　拡大《かくだい》↕縮小《しゅくしょう》

◆注意……同義語・反対語とも、微妙《びみょう》な意味の違《ちが》いによって、関係が成立しない場合があります。

(例)「容易」の同義語は「簡単」。「簡単」の反対語は「複雑《ふくざつ》」、あるいは「困難」です。したがって「複雑↕簡単＝容易↕困難」という関係は成り立ちますが、かといって「複雑＝困難」は成り立ちません。つまり、「簡単＝容易」「複雑↕簡単」「容易↕困難」という関係は、それぞれ同義語（＝）・反対語（↕）で成立していますが、「複雑」と「困難」は、同義語とはいえないのです。

これは、よく考えると、**「簡単↕複雑」で使われる場合の「簡単」**と、**「簡単＝容易↕困難」で使われる場合の「簡単」では、同じことばでも意味が微妙に異なっている**ことから発生しています。前者は、「しくみが簡単か複雑か」という意味で使われ、後者は、「ものごとをなしとげるのが容易か困難か」という意味で使われています。本来、異《こと》なる意味で使われていることば（簡単）が、それぞれ異なる意味に対応した反対語（複雑／困難）と同義語（容易）を持った結果、右のような例が発生します。

このことは、ことばの持つ多義性《たぎせい》とも関係しています。ことばは、使われ方や置かれ方によって意味が変化し、一つのことばがいくつもの意味を持つことがあります。これをことばの「多義性」といい、そのようにいくつもの意味を持ったことばを「多義語」と呼《よ》びます。

同義語・反対語も、そうしたことばの多義性を無視《むし》しては成立しないということを、頭に入れておきましょう。

確《かく》認《にん》問《もん》題《だい》

解答264ページ

1 次の①〜⑥の熟語《じゅくご》と意味が似《に》ている熟語を、あとのア〜カから選びましょう。

①勉強　②同意　③未来
④改良　⑤決心　⑥目標

ア 改善《ぜん》　イ 目的　ウ 賛《さん》成
エ 決意　オ 学習　カ 将《しょう》来

2 次の各組の組み合わせが反対語になるように、□の中に適当な漢字を入れましょう。

①□純《じゅん》↕複雑《ふくざつ》　②感情《じょう》↕□性《せい》　③生産↕□費《ひ》
④絶対《ぜったい》↕□対　⑤増《ぞう》加↕減《げん》□　⑥主観↕□観
⑦内□↕形式　⑧全体↕□分　⑨結成↕□散
⑩失敗↕成□　⑪予習↕□習　⑫反対↕□成

参考

絶対《ぜったい》と相対《そうたい》
絶対は、他との比較《ひかく》や関係なしに成り立つこと。
相対は、他との比較や関係によって成り立つこと。

主観《しゅかん》と客観《きゃっかん》
①主観はものを見る側で、客観は見られる側。
②主観はひとりだけの見方や考えで、客観は人々の間で一致《いっち》する見方や考え。

3 次の①～⑩の熟語と意味の似ている熟語を、あとのア～コから選び、漢字に直しましょう。

①異国《いこく》　②休養　③永久《えいきゅう》　④死亡《しぼう》　⑤情勢《じょうせい》
⑥公平　⑦光景　⑧進歩　⑨祖国　⑩同意

ア　ここく　イ　たかい　ウ　ぜんしん　エ　たこく
オ　びょうどう　カ　えいえん　キ　さんせい　ク　けいせい
ケ　せいよう　コ　じょうけい

4 次の①～⑤の熟語と反対の意味を持つ熟語を、あとのア～オから選び、漢字に直しましょう。

①利益《りえき》　②自然　③内容《ないよう》　④病弱　⑤消費《しょうひ》

ア　じんこう　イ　けいしき　ウ　せいさん
エ　そんしつ　オ　きょうけん

20 同音異《い》義《ぎ》語

漢字は、かなと違《ちが》って表意文字なので、字が違えば意味も異《こと》なります。同じ音読みなのに文字が異なることばを、**同音異《い》字・同音異義《いぎ》語**といいます。ふつうは、次のように区別します。

音読みが同じで、意味が異なる一文字＝**同音異字**
音読みが同じで、意味が異なる熟語《じゅくご》＝**同音異義語**

「同音異字」の違いは一目瞭然《いちもくりょうぜん》ですが、「同音異義語」はまぎらわしいので、しっかり区別できるようにしましょう。

○一文字違う同音異義語

まぎらわしいので、ことばの使い方と合わせて覚えましょう。

(例) **異義／異議**　「異」は共通ですが「ギ」の字が異なります。「義」は「意味」を表すことばなので、「異義」は「異なる意味」ということです。一方「議」は「意見」を表すことばなので、「異議」は「異なる意見」ということです。

(例) **解放《かいほう》／開放**　「放」は共通ですが「カイ」の字が異なります。「解」は「解《と》く」という意味なので、「解放」は「解き放す」で、「奴隷《どれい》解放」や「人質《ひとじち》解放」など「これまでとらわれていたものを自由にしてやる」という意味になります。一方、「開」は「開ける・開く」だから、「開放」は「開け放す」で、「校庭開放」や「開放的」など「これまで閉《と》じられていたものを自由に出入りできるようにする」という意味になります。

(例) **清算／精《せい》算**　「過去《かこ》をすべてセイサンする」が「清算」、「運賃《うんちん》を駅でセイサンする」が「精算」です。「清算」は「きまりをつける」、「精算」は「くわしく計算する」です。

○二文字ともちがう同音異義語

音が同じというだけで、意味も使い方も異なりますので、区別は容易《ようい》です。両方とも漢字で書けるようにしておきましょう。

(例) **規律《きりつ》／起立**

「規律」は「きまり・おきて」を意味しており、「起立」は「立ち上がること」を意味しています。意味は全く異なりますすね。

○三つ以上ある同音異義語

数は多くありませんので、覚えてしまいましょう。

(例) 対称《しょう》／対照／対象《しょう》／大将《しょう》／大賞《しょう》／大勝

異動／移《い》動／異同

確《かく》認《にん》問《もん》題《だい》

解答265ページ

1 次の1〜4の――線部と同じ漢字を使うものはどれですか。下の①〜③から選びましょう。

1. 原因《いん》（①ゲン界　②平ゲン　③水ゲン）
2. 判断《だん》（①ハン明　②ハン分　③ハン応）
3. 混雑《ざつ》（①大コン　②コン同　③コン難）
4. 栄光（①エイ遠　②反エイ　③エイ養）

2 次の1〜3の各組の□□には、同じ発音で異なった意味の熟語がそれぞれ入ります。考えて答えましょう。

1. ア　議長に□□される。　イ　無事に□□をはたした。
2. ア　議会で□□する。　イ　検査《けんさ》のために□□する。
3. ア　受賞者名を□□する。　イ　□□で売れ行きもよい。

21 同訓異《い》義《ぎ》語

○**「同訓」はほとんどが「同訓異《い》字」**

訓読みした場合に、発音が同じなのに、漢字が異《こと》なり意味が異なるものを、同訓異《い》字・同訓異《い》義《ぎ》語といいます。

訓読みが同じで、意味が異なる一文字＝**同訓異字**
訓読みが同じで、意味が異なる熟語《じゅくご》＝**同訓異義語**

少し考えればわかりますが、「同訓異義語」といっても、実際《じっさい》には「訓読みする熟語」はきわめて少ないですし、それと同じ読みの別の熟語はさらに少なくなります。つまり「同訓」で「字」が異なるといえば、ほとんどが一字単位の同訓異字です。

○「同訓異字」は「熟語」とセットで

同訓異字は、意味のちがいに注意して、書き分けていきましょう。その場合、**その字が熟語の中ではどう使われているか**が、意味を理解《りかい》する手がかりになります。

（例）オウ　1　責任《せきにん》をオウ→負担《ふたん》する→負う
　　　　　　2　犯人《はんにん》をオウ→追跡《ついせき》する→追う

右の例では、熟語で使われる場合と、訓読みする場合とで、字の基本《きほん》的な意味は変わらないことがわかります。このように、**「訓読み」と「熟語」をセットで覚えておくと、便利です。**同じような例を、できるだけたくさんあげておきます。知らない熟語は、辞書で調べてみましょう。

○同訓異字と熟語の例

あう　　会う（会議・会談・密会《みっかい》）・合う（合格《ごうかく》・合意・合同・合計）

あつい　暑い（炎暑《えんしょ》・暑中・寒暑）・厚い（厚意《こうい》）

いる　熱い（熱中・熱烈《れつ》・解熱《げねつ》）
居る（居住《きょじゅう》・入居）・要る（必要・需要《じゅよう》）・射る（射的《しゃてき》・射殺）
うつ　打つ（打線・投打・打率《だりつ》・打点）・撃つ（射撃《しゃげき》・攻撃《こうげき》・爆撃《ばくげき》）
討つ（討伐《とうばつ》・討論《とうろん》）
うつす　映す（映画）・写す（写真・写生）・移す（移動《いどう》・移送）
おさめる　収める（収穫《しゅうかく》・収納《しゅうのう》）・修める（修学《しゅうがく》・修業《しゅぎょう》）
治める（自治・治安《ちあん》）・納める（納税《のうぜい》・納品）
おもて　表（表裏《ひょうり》・表札）・面（仮面《かめん》・能面《のうめん》）
おる　織る（織機《しょっき》）・折る（骨折《こっせつ》）
かえす　帰す（帰宅《きたく》）・返す（返却《へんきゃく》）
すむ　澄む（清澄《せいちょう》・澄明《ちょうめい》）・済む（返済《へんさい》・完済）
住む（居住《きょじゅう》・住所・住宅《じゅうたく》）
せめる　攻める（攻撃《こうげき》・攻勢《こうせい》）・責める（責任《せきにん》・文責《ぶんせき》）
そなえる　備える（準備《じゅんび》・備品）・供える（供物《くもつ》・供応《きょうおう》）
たつ　建つ（建築《けんちく》・建設《けんせつ》）・絶つ（絶交《ぜっこう》・謝絶《しゃぜつ》）・裁つ（裁断《さいだん》・裁縫《さいほう》）
つくる　作る（作文・作成・制作《せいさく》・製作《せいさく》）・創る（創案《そうあん》・創出・創造《そうぞう》）

つとめる　造る（造船《ぞうせん》・製造《せいぞう》）
　　　　　勤める（通勤《つうきん》・勤続・勤労）・務める（義務《ぎむ》・職務《しょくむ》・事務）
　　　　　努める（努力）
とく　解く（解答《かいとう》・解法・解放）・説く（説明・説得《せっとく》・新説・真説）
　　　溶く（水溶液《すいようえき》）
なく　泣く（号泣《ごうきゅう》）・鳴く（悲鳴）
なる　成る（完成・成就《じょうじゅ》・達成）・鳴る（鳴動）
のぞむ　臨む（臨海《りんかい》・臨時・臨席）・望む（望遠・望郷《ぼうきょう》・希望）
のびる　伸びる（伸長《しんちょう》・伸張《しんちょう》）・延びる（延長《えんちょう》・延期）
はかる　量る（大量・重量）・計る（時計・計略《けいりゃく》）
　　　　測る（測定《そくてい》・測量）・図る（意図・企図《きと》）
はなす　話す（会話・話術《わじゅつ》・対話・話題）・放す（開放・解放《かいほう》・放射《ほうしゃ》）
　　　　離す（離別《りべつ》・離党《りとう》）
はやい　早い（早朝・早期・早晩《そうばん》）・速い（速度・快速《かいそく》）
ひく　引く（引率《いんそつ》・引力・引用）・弾く（連弾《れんだん》）
ふる　降る（降水《こうすい》・降雪・降雨）・振る（不振《ふしん》・三振）

まるい　円い（円周・円形）・丸い（丸薬《がんやく》）
やぶれる　敗れる（敗北・勝敗・敗戦）
破れる（大破《たいは》・破壊《はかい》・破滅《はめつ》・突破《とっぱ》）
よる　寄る（寄港《きこう》・寄宿・寄生）・因る（原因《げんいん》・因果・勝因・敗因）
依る（依存・依頼《いらい》）
わかれる　分かれる（分割《ぶんかつ》・分化・分子・分母・分離《ぶんり》）
別れる（別行動・別離《べつり》・別件《べっけん》・送別）

ただし、同じ字が使われていても、熟語によって、その字の意味が異なる場合があるので、注意が必要です。例えば、「望」という字が使われている熟語の場合、「望遠」の「望」は「遠くを見る」という意味ですし、「希望」の「望」は「ねがい」という意味です。

確《かく》認《にん》問《もん》題《だい》

解答 265ページ

1 次の——線部の漢字は、アとイのどちらが正しいですか。

1. 足モト（**ア** 元　**イ** 本）に落とす。
2. キ（**ア** 気　**イ** 生）まじめな性格《せいかく》。
3. 新学期がハジ（**ア** 始　**イ** 初）まる。
4. 解決《かいけつ》をハカ（**ア** 図　**イ** 測）る。
5. アヤマ（**ア** 誤　**イ** 過）りを修正《しゅうせい》する。

2 次の（　）の中にあてはまる、各組同じ読みの漢字を一字ずつ答えましょう。

1. **ア** 会社に（　）める　**イ** 研究に（　）める
2. **ア** 遠くに山を（　）む　**イ** 海に（　）んだ家
3. **ア** 墓前《ぼぜん》に花を（　）える　**イ** 地震《じしん》に（　）える
4. **ア** 紙が（　）れる　**イ** 競い合ったが（　）れた

22 漢字の部首

漢字を形によって分類したり配列したりする場合に、その基準《きじゅん》となる、複数《ふくすう》の漢字に共通する部分を、**部首**といいます。部首は以下の七種類があります。

1 へん

左につく

【例】亻（にんべん）・彳（ぎょうにんべん）
阝（こざとへん）・忄（りっしんべん）
木（きへん）・扌（てへん）
ネ（しめすへん）・衤（ころもへん）
言（ごんべん）・金（かねへん）

参考

部首の名前

部首の名前は、最初から決まっていたわけではなく、あくまで慣用《かんよう》的に定着したものなので、複数《ふくすう》の呼《よ》び方があることも多いです。（上の例では、複数の呼び方があるものは、そのうちの一つを書いています。）覚えにくいものについては、「なぜそう呼ぶことになったのか？」を調べると、発見があって面白いです。

2　つくり

右につく

【例】刂（りっとう）・刀（かたな）
力（ちから）・彡（さんづくり）
阝（おおざと）・攵（のぶん）
欠（あくび）・卩（ふしづくり）

3　かんむり

上につく

【例】亠（なべぶた）・宀（うかんむり）
耂（おいかんむり）・穴（あなかんむり）
癶（はつがしら）・⺮（たけかんむり）
⻗（あめかんむり）・艹（くさかんむり）

4　あし

下につく

【例】儿（ひとあし）・八（はち）・灬（れんが）
心（こころ）・⺗（したごころ）・皿（さら）
衣（ころも）貝（かい）・鳥（とり）

5　かまえ

外を囲《かこ》む

【例】勹（つつみがまえ）・囗（くにがまえ）
匚（かくしがまえ）・行（ぎょうがまえ）
門（もんがまえ）

6　たれ

上から左下にたれる

【例】厂（がんだれ）・尸（しかばね）
广（まだれ）・疒（やまいだれ）

7　にょう

左から下にまわる

【例】辶（しんにょう）・廴（えんにょう）

確《かく》認《にん》問《もん》題《だい》

解答266ページ

1 次の①〜⑨の漢字の部首名を答えましょう。

①通　②初　③都　④後　⑤葉　⑥発　⑦利　⑧老　⑨兄

2 次の1〜5の漢字のグループには、それぞれ共通した部分があります。その部分が持つ意味を、あとのア〜サから選びましょう。

1. 快・情　2. 貯・費　3. 浅・海　4. 腸・脈　5. 進・送

ア 手　イ 身体　ウ けもの　エ 着物　オ 道

カ 金属《きんぞく》　キ 水　ク 言葉　ケ 心　コ 植物　サ 金銭《きんせん》

3 例にならい、次の1〜6の各組の字に共通してつけられる部首を考え、また、その部首は何という部首なのかを答えましょう。

(例) 月・召・寺・青→明・昭・時・晴→答「日・ひへん」

1. 央・何・者・楽　2. 干・半・貝・倉　3. 己・十・司・果

4. 大・寸・井・古　5. 化・分・加・任　6. 占・付・車・廷

23 漢和辞典の使い方

漢字・熟語《じゅくご》の読み方や意味などを調べるときは漢和辞典を使います。引き方は次の三つです。

1 部首索引《さくいん》を使う

①漢字の読み方はわからないが、部首がわかっている。
②その部首の画数《かくすう》を数えて、部首索引で、その部首の頁《ページ》を探《さが》す。
③あけた頁にはその部首の漢字が、画数の少ない順に並《なら》んでいる。
④調べたい漢字の部首を除《のぞ》いた残りの画数を数え、その画数の部分を見る。
⑤調べたい漢字はそこに、熟語《じゅくご》はその見出しの文字の後にある。

参考
紙の漢和辞典
これも国語辞書と同じで、紙の漢和辞典を引くときのやりかたです。電子辞書の漢和辞典なら、タッチパネルに書くだけで引くことができるので、必要ありません。ただ、書き順や画数を意識《いしき》しておくと、きれいな字を書くことができますし、部首が識別《しきべつ》できると、漢字一つ一つを深く理解《りかい》することができます。

2　音訓索引を使う

①　音読み・訓読みのどちらかだけでも、調べたい漢字の読み方がわかっている。
②　音訓索引は五十音順で出ているので、わかっている読み方で探す。
③　同じ読みの漢字は画数の少ない順に並んでいることを目安に探す。
④　調べたい漢字の出ている頁を確認《かくにん》する。

3　総画《そうかく》索引を使う

①　漢字の部首も読み方もわからない。
②　調べたい漢字の総画数（部首も含《ふく》めた、その漢字の全ての画数）を数える。
③　総画索引でその画数の漢字の中から、調べたい漢字を探す。
④　調べたい漢字の出ている頁を確認する。

これらとは別に、電子辞書では手書き入力で探すことができますが、ふだんから漢字の読み方・部首・書き順・画数に気をつけておきましょう。

確《かく》認《にん》問《もん》題《だい》

解答266ページ

1 次の①～⑫の漢字を漢和辞典で引く場合、何という部首の、何画（部首を除いた残りの画数《かくすう》）のところを引けばいいですか。

①草　②怒　③厚　④歓
⑤筒　⑥除　⑦庭　⑧雪
⑨訓　⑩往　⑪妨　⑫編

2 次にあげる1～10のことばの――線部を漢字で書くと、部首はあとのア～カのどれになりますか。

1. くるしい　2. はたらく　3. くすり　4. ゆき
5. でんわ　6. おちる　7. みち　8. おれる
9. ひらく　10. まねく

ア　にんべん　**イ**　しんにょう　**ウ**　くさかんむり
エ　もんがまえ　**オ**　てへん　**カ**　あめかんむり

3 次の漢字を二つずつ組み合わせて、あとの1～6に示《しめ》した音を持つ、一つの漢字を作りましょう。

糸　心　女　言　非
月　豆　重　力　周
日　頁　田

1. ちょう　2. ひ　3. さい
4. めい　5. どう　6. とう

4 次の①～③の漢字を漢和辞典で総画索引《そうかくさくいん》から引くと、それぞれ何画になりますか。また、部首索引で引く場合は、それぞれ何という部首で引いたらよいですか。

① 録
② 限
③ 屋

24 漢字の成り立ち

漢字はおよそ四〜五千年ほど前に中国大陸で生まれましたが、最初は、絵に見える物の形をかたどった「絵文字」から始まったと考えられます。次第に物が増え、生活する範囲《はんい》が拡大《かくだい》し、行動が複雑化《ふくざつか》するにつれて、「絵文字」以外の文字が作られていったのでしょう。中国では、このような漢字の成り立ちを、おおよそ次の四つに分類しています。

1 象形《しょうけい》文字

「象《しょう》」は「かたどる」という意味で、**「物の形をかたどった文字」**のこと。もとの「絵文字」から発達した。

(例) 山・川・木・日・魚・馬・水・口・鳥　など

2　指事《しじ》文字

形では表せないものを、記号や符号《ふごう》、印などで示《しめ》した文字。例えば「刃」は、象形文字の「刀」の「切れる部分」に記号を加えた指事文字である。

(例) 本・末・上・中・下・一・二・三・刃　など

3　会意《かいい》文字

もともとあった象形文字などを複数《ふくすう》あわせて新しい意味を作った文字。「日＋月＝明」で、「明」は「あかるい」を意味する会意文字である。

(例) 林・森・男・休・比・鳴・明・位　など

4　形声《けいせい》文字

漢字のほとんどがこれに属《ぞく》する。「意味を表す部分」と「音を表す部分」とをあわせて作った文字。「木＋反＝板（ハン）」「日＋青＝晴（セイ）」

(例) 清・晴・構・講・飯・版・板・坂　など

参考

漢字の成り立ちを知る

漢字の成り立ちを知っておくと、知らない漢字に出会ったとき、読み方や意味を推定《すいてい》することがうまくなります。

また、「漢字の成り立ち」以外にも、「漢字の運用法（使い方）」によって次の二つの分類もあり、「成り立ち」と「運用法」をあわせた六種類の分類を**「六書《りくしょ》」**と呼《よ》んでいます。

5　転注《てんちゅう》文字

漢字のもとの意味が広く使われ、ほかの新しい意味のことばに応用された文字。例えば、「楽」はもともと「音楽」を意味したが、「音楽はたのしい」ので「たのしい」という意味が生まれ、「楽園」「安楽」のような使い方をするようになった。

6　仮借《かしゃ》文字

音だけ借りたいわゆる「当て字」で、意味に関係なく使われる。

(例) 亜米利加《アメリカ》・伯林《ベルリン》・亜細亜《アジア》　など

○漢字の種類の判別《はんべつ》について

象形文字は、物の形をかたどった絵文字なので、一つの文字を「へん」

と「つくり」といったように分けることができないのが原則《げんそく》です。**指事文字**も、もとは記号・符号ですから、その文字全体で一つの意味を表しており、二つに分けることはできません。

一方、**会意文字**は、字と字を組み合わせたものですから、当然分解可能《ぶんかいかのう》です。また、漢字のほとんどを占《し》めるといわれる**形声文字**は、「意味」を表す部分と「音」を表す部分の合成ですから、これも分解可能です。

したがって、分解できるかどうかが、文字の種類を判別する手がかりになります。

二つ以上に分解できないもの＝象形文字（絵）・指事文字（記号）
二つ以上に分解できるもの　＝会意文字・形声文字

象形文字・指事文字は、数も限《かぎ》られるので、比較《ひかく》的分類は容易《ようい》です。しかし、会意文字と形声文字の区別は、難《むずか》しいかもしれません。確認《かくにん》問題で、コツをつかんで下さい。

確《かく》認《にん》問《もん》題《だい》

解答267ページ

1 次の文章の1〜5にあてはまる語句を、あとのア〜オから選びましょう。

「悲鳴」という熟語《じゅくご》に含《ふく》まれる、「悲」と「鳴」を取り上げてみよう。

「悲」は「非《ひ》」と「心」に、「鳴」は「口」と「鳥」に分けられるので、この二文字はそれぞれ、（　**1**　）か（　**2**　）かに分類できる。

ところで、（　**2**　）は、（　**3**　）を表す部分と（　**4**　）を表す部分からできている。（　**3**　）を表す部分は、その漢字の音読みになる。さて、「鳴」の音読みは「メイ」だが、「口」も「鳥」も「メイ」とは読まないので、「鳴」は、（　**2**　）ではなく（　**1**　）だということがわかる。確《たし》かに意味を考えてみても、「鳴」は、「鳥」のような人間ではない生き物が「口」で音をたてる様子を表しているから、「口」も「鳥」も（　**4**　）を持っており、（　**4**　）のあわせ文字である（　**1**　）だということになる。

では「悲」はどうだろう。音読みは「ヒ」で、「心」は「ヒ」とは読まないが「非」は「ヒ」と音読みする。しかも「かなしい」は「心」の状態《じょうたい》を表しているから、「悲」は「非」が（　3　）を表し、「心」が（　4　）を表す、（　2　）であることがわかる。

このように見ていくと、（　5　）も、多くは（　2　）から発生しているという事実に気づくだろう。

ア　意味　　**イ**　音　　**ウ**　同音異《い》字

エ　形声《けいせい》文字　　**オ**　会意《かいい》文字

2 次の1～3の文中の——線部の漢字は、あとのア～エのどれに属《ぞく》しますか。

1. 林の中で小鳥が楽しそうにさえずっていた。
2. 姉はいつもより早く学校に行きました。
3. 三人寄《よ》れば文殊《もんじゅ》の知恵《ちえ》。

ア　象形《しょうけい》文字　　**イ**　指事《しじ》文字

ウ　会意文字　　**エ**　形声文字

25 文章の単位

文章全体
↓
段落《だんらく》（意味段落 → 形式段落）
↓
文 ＝ 様々な文
↓
文節 ＝ 文の成分
↓
単語 ＝ ことばの最小単位

文章を大きい単位から小さい単位へと並《なら》べると、上のようになります。**「意味段落—形式段落—文」**については、文章読解《どっかい》を通して学ぶことになりますが、ここでは、さらに小さい単位である**「文—文節—単語」**の関係を見ていきましょう。

○**文**……句点《くてん》「。」の直後から、次の句点「。」までの、言葉のひとまとまりを「文」といいます。次の［　］のところが「一文」です。

……と笑われた。しかし彼女《かのじょ》は気にしなかった。翌日《よくじつ》、……

文は、その意味と組み立てから、次のように分類できます。

(1) 意味上の分類……平叙《へいじょ》文・疑問《ぎもん》文・感動文・命令文

●**平叙文** (例) 学校が始まった。

●**疑問文** (例) 君は何歳《さい》ですか?

●**感動文** (例) なんて美しい花なんだ!

●**命令文** (例) こっちへこい。

(2) 組み立て上の分類……単文・重文・複《ふく》文

●**単文** 主語・述語《じゅつご》が一組だけの、単純《たんじゅん》な構造《こうぞう》の文。

(例) 車が〔主語〕どんどん走る〔述語〕。

●**重文** 二組以上の主語・述語が互《たが》いに対等な関係にある文。

(例) 兄は〔主語〕立派《りっぱ》な医者で〔述語〕、弟は〔主語〕有名な画家だ〔述語〕。

(「兄は立派な医者だ」と「弟は有名な画家だ」が、対等に示されている。)

●**複文** 二組以上の主語・述語がふくまれ、中心になるものと、そうでないものがある文。

(例) 私《わたし》が〔主語〕 食べた〔述語〕 プリンは〔主語〕 おいしかった〔述語〕。

(「プリンはおいしかった」がこの文の中心であり、「私が食べた」は中心ではない。)

◆**文節**……意味や発音が不自然にならない程度《ていど》に、文を短く区切ったもの。文節で区切るときは、切れ目に「ネ、サ、ヨ」を入れて、不自然でなければよしとされています。ただ、実際《じっさい》はこれだけではなかなか判別《はんべつ》できません。正しく文法的に定義《ていぎ》するなら、

文節＝一つの自立語（＋一つ以上の付属《ふぞく》語）

となります。これについては、品詞《ひんし》についての学習をひととおり終えたところでまた復習《ふくしゅう》してみて下さい。今はとりあえず、「ネ、サ、ヨ」で、文節を区切る練習してみましょう。次の例文を文節で区切って下さい。

(例) 私にだってあの人たちがやったことはきっとできます。

(答) 私にだってネ／あのネ／人たちがネ／やったネ／ことはネ／きっとネ／できますヨ。

参考
文節の識別《しきべつ》のコツ
「ネ、サ、ヨ」で識別するときのコツは、なるべく短く区切る、ということです。

◆文節と文節の関係……次の六種類があります。

（1）主語・述語の関係

主語　述語
（例）鳥が／飛ぶ。（何が／どうする）

主語　述語
（例）花が／美しい。（何が／どんなだ）

主語　述語
（例）私が／山田です。（何が／なんだ）

（2）修飾《しゅうしょく》・被《ひ》修飾の関係

修飾　被修飾　修飾　被修飾
（例）美しい／花が／きれいに／開く。

（「どんな」「どのように」を説明するのが修飾語）

(3) 並立《へいりつ》の関係

(例) ぼくと／弟は／アメリカに／行った。

(4) 接続《せつぞく》の関係

(例) 雨が／降《ふ》った。／しかし、／出かけた。

(5) 補助《ほじょ》の関係

(例) 吾輩《わがはい》は／猫《ねこ》で／ある。

(「吾輩は」に対応《たいおう》する述語は「猫だ」で、「ある」は「猫だ」を補助している。)

(例) 種を／植えて／みる。

(「みる」は述語「植える」を補助している。)

(6) 独立《どくりつ》の関係

(例) ああ、／きれいな／花だ。

(「ああ」はなくてもよいので、独立しているとみなす。)

確《かく》認《にん》問《もん》題《だい》

解答 268ページ

1 次の1～3の文は、ア 単文、イ 重文、ウ 複文《ふくぶん》、のどれに分類できますか。

1. ねこが屋根でねずみをつかまえている。
2. 私《わたし》はねこがねずみをとるところを見た。
3. 右に見えるのが三浦《みうら》半島で、左に見えるのが房総《ぼうそう》半島だ。

2 次の各文の――線部が修飾《しゅうしょく》している文節を答えましょう。

1. 私の／小さな／弟が／遊んで／いる。
2. 山すその／川の／ほとりに／点々と、／かやぶき屋根の／いなか家が／ある。
3. 自分を／本当に／思って／くれる／人の／忠告《ちゅうこく》は／心に／つらく／ひびく。
4. 本を／読むと、／はるか／昔の／出来事も／遠い／国の／様子も、／まるで／目の／前に／あるように／思える。

5. 雨だれの／音を／聞いて／いると、／春の／近づく／様子が／感じられる。

6. 日本人の／生活は／昔から／全ての／面で／植物への／依存度《いぞん》が／高かった。

3 次のア～カの文について、あとの1～4の問いに答えましょう。

ア 人が道を歩いている。

イ その花は小さく、また美しい。

ウ 風が吹《ふ》き、雨も降《ふ》っている。

エ 山からおりてくる老人にあった。

オ ちょっと、こっちへ来てよ。

カ 美しいね、あの花の色は。

1. 主語が省略《しょうりゃく》されている文はどれですか。

2. 主語・述語《じゅつご》・修飾語が一つずつある文はどれですか。

3. 一つの主語について二つの述語がある文はどれですか。

4. 主語と述語の位置がふつうと逆《ぎゃく》になっている文はどれですか。

26 文節と単語

○**単語**

「文節」を、ことばの意味が失われないぎりぎりのところまで、さらに細かく分けた最小単位を「単語」といいます。

(例) 朝霧《あさぎり》が晴れて、すずめの鳴き声が聞こえてきた。

(文節) 朝霧が／晴れて、／すずめの／鳴き声が／聞こえて／きた。

(単語) 朝霧／が／晴れ／て、／すずめ／の／鳴き声／が／聞こえ／て／き／た。

このように、「文を自然な発音で短く区切った単位」である **「文節」** は、さらに小さな単位である **「単語」** からできています。そして、「単語」をその働きによって区別したものを **「品詞《ひんし》」** といいます。

・「朝霧が」＝「朝霧」（名詞）＋「が」（助詞）

・「晴れて」＝「晴れる」の変化した形「晴れ」（動詞）
＋「て」（助詞）

・「聞こえて」＝「聞こえる」の変化した形「聞こえ」（動詞）
＋「て」（助詞）

・「きた」＝「くる」の変化した形「き」（動詞）＋「た」（助詞）

「朝霧」「が」「晴れる」「て」「聞こえる」「て」「くる」「た」は、これ以上分けると意味が失われてしまう「ことばの最小単位」です。これらの語が、すべて国語辞書の見出し語であることに注意して下さい。**国語辞書の見出し語となるような、ことばの最小単位が単語なのです。**

○文―文節―単語

「文―文節―単語」について、おさらいします。

●文　・文型《ぶんけい》　**①何が／どうする　②何が／どんなだ**
③何が／なんだ

・文の意味上の分類
①平叙文《へいじょ》　②疑問文《ぎもん》　③感動文　④命令文
・文の組み立て上の分類　①単文　②重文　③複文《ふく》

●文節
・間に「ネ、サ、ヨ」を入れて短く区切った単位
・文法的には「文節＝一つの自立語（＋一つ以上の付属語《ふぞく》）」
・文の成分＝主語・述語《じゅつご》・修飾語《しゅうしょく》・接続語《せつぞく》・独立語《どくりつ》
・文節と文節の関係
①主語・述語の関係　②修飾・被《ひ》修飾の関係
③並立《へいりつ》の関係　④接続の関係
⑤補助《ほじょ》の関係　⑥独立の関係

●単語
・これ以上分解すると意味が失われてしまう、ことばの最小単位
・国語辞書の見出し語になる

確《かく》認《にん》問《もん》題《だい》

解答 268ページ

1 次の各文を単語に分けましょう。

1. 危《あぶ》ないめにあったりして、みんなはやっと村へたどりつきました。
2. 空気はなんとなく春らしくなりました。
3. ふと見ると、道ばたの日だまりに小さいすみれの花が咲《さ》きかけている。
4. このおじいさんは、もうずいぶん年をとっていました。
5. たまねぎをおさえている右手が、だんだん左の方へよります。
6. 虫めがねを近づけてよく見ると、口をいそがしそうに動かしています。
7. ひばりの食べ物は、草原や畑にいる小さな虫です。
8. からだをゆっくりのばしたりちぢめたりしながら、かいこは葉を食べ始めた。

参考

単語の識別《しきべつ》

最初から単語に分けるのは難《むずか》しいので、まず文節に分けて、その文節がさらに単語に分けられるかどうかを考えてみて下さい。

27 品《ひん》詞《し》

単語をその働きによって分類したものを、**品詞《ひんし》**といいます。品詞は、**名詞・動詞・形容詞《けいよう》・形容動詞・連体詞・副詞・接続詞《せつぞく》・感動詞・助詞・助動詞**の十種類があります。

参考
品詞名を覚えよう
品詞分類は、文法問題の基本中の基本になりますので、十種類の品詞の名前は、暗記してしまいましょう。

○自立語と付属語《ふぞく》

「ぼく、／花、／買う。」という文は、すべての文節が一つの単語だけで構成《こうせい》されています。このように、**単独《たんどく》で文節をつくることができ、それだけで意味のわかる単語**を、**自立語**といいます。

これに対して、「ぼく／は／花／を／買っ／た。」の「は」や「を」や「た」のように、**自立語の後につくのでなければ文節を作ることのできない単語**を、**付属語**といいます。付属語は「助詞」「助動詞」の二つで、あとはすべて自立語です。

では、次の例文の単語を自立語と付属語に分けてみましょう。

（例）朝霧／が／晴れ／て、／すずめ／の／鳴き声／が／聞こえ／て／き／た。

（答）「朝霧」「晴れ」「すずめ」「鳴き声」「聞こえ」「き」が自立語、「が」「て」「の」「が」「て」「た」が付属語です。

参考
自立語と付属語の区別
「助詞・助動詞は付属語、あとは自立語」と覚えてしまえば良いでしょう。

○活用語と非《ひ》活用語

下に来ることばによって、ことばの語尾《ごび》が変化することを「活用」といいます。活用語（変化する語）は、

- **動詞**（走る・飛ぶ・笑う、など）
- **形容詞**（美しい・白い・楽しい、など）
- **形容動詞**（きれいだ・じょうぶだ・陽気だ、など）
- **助動詞**（られる・た・ようだ・らしい・だ・です、など）

の四つです。それら以外は、非活用語（変化しない語）です。

品詞分類表

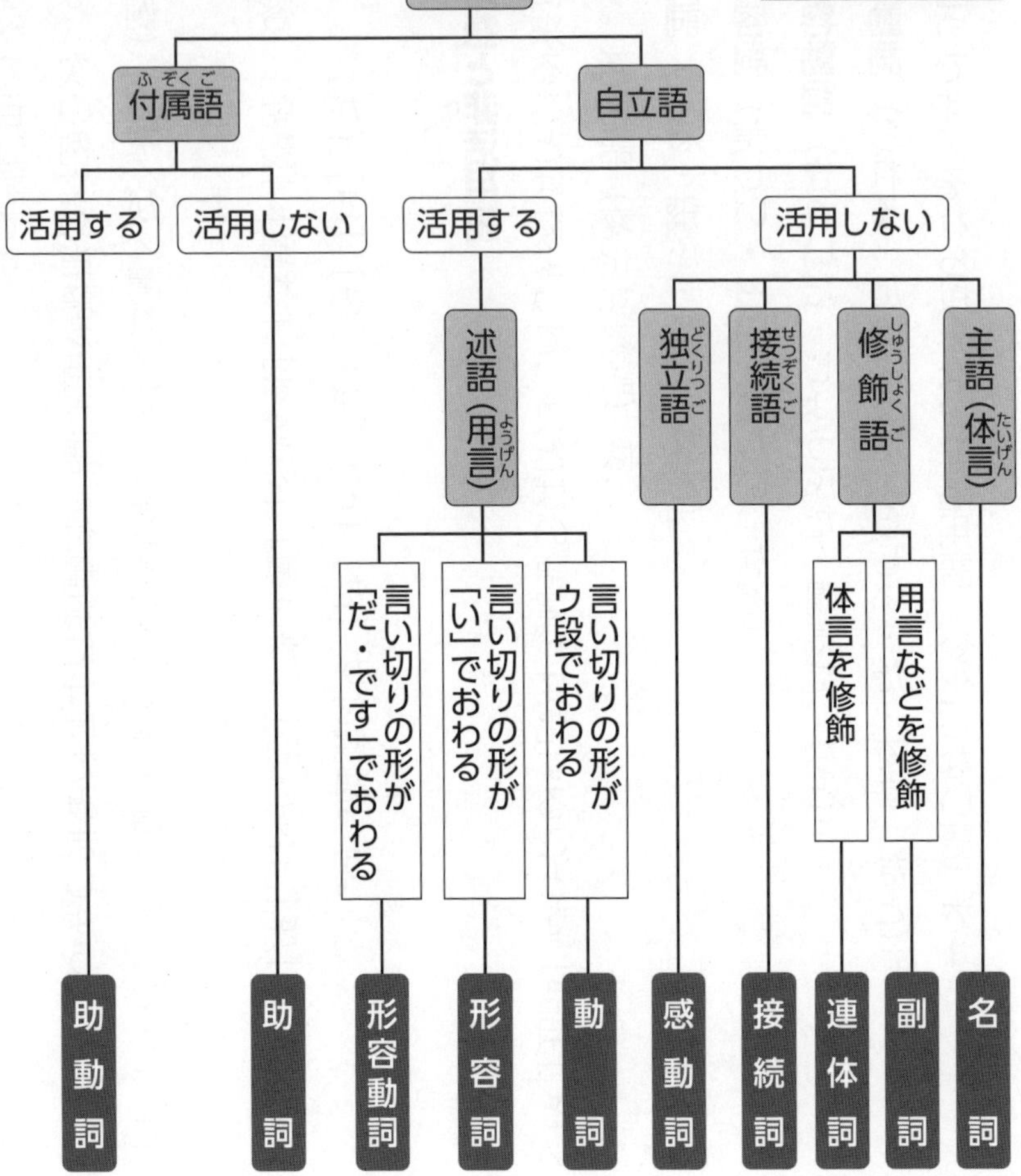
単語
付属語《ふぞくご》
自立語
活用する
活用しない
活用する
活用しない
述語（用言《ようげん》）
独立語《どくりつご》
接続語《せつぞくご》
修飾語《しゅうしょくご》
主語（体言《たいげん》）
言い切りの形が「だ・です」でおわる
言い切りの形が「い」でおわる
言い切りの形がウ段でおわる
体言を修飾
用言などを修飾
助動詞
助詞
形容動詞
形容詞
動詞
感動詞
接続詞
連体詞
副詞
名詞

確《かく》認《にん》問《もん》題《だい》

解答270ページ

1 次の各文は、単語で分けてあります。文中の単語のうち、自立語には○を、付《ふ》属《ぞく》語には×をつけましょう。

1. 近寄《よ》っ／て／みる／と／それ／は／となり村／の／友だち／だ。
2. おばあさん、／ここ／から／東京／まで／一里／ぐらい／だ／ね。
3. わたし／は、／上高地／の／景色／が／忘《わす》れ／られ／ない。
4. しとしと／降《ふ》る／雨／の／中／を／とぼとぼ／と／歩い／た。
5. あんなに／まじめに／働く／人／は／めずらしい。
6. もう／春／だ／から／すぐに／木／の／芽／が／出る／だろう。
7. 旅人／を／見送る／人／で／駅／は／こみ合っ／て／い／た。
8. 私《わたし》たち／は／その／人／に／厚《あつ》く／お礼／を／言っ／た。
9. 枯《か》れ／は／し／ない／か／と／心配し／た／庭／の／木／に／大きな／葉／が／青々と／茂《しげ》っ／た。
10. 秋／の／夜長／を／親子／そろっ／て／語り合う。

参考

自立語と付属語の識別《しきべつ》

「助《じょ》詞《し》・助動詞は付属語、あとは自立語」でしたね。「助詞・助動詞か、それ以外か」で判《はん》断《だん》して下さい。

「ない」

「ない」は、形《けい》容《よう》詞と助動詞の二種類があります。「お金がない」は形容詞、「お金はいらない」は助動詞です。識別の方法としては、「ぬ」で言いかえられれば助動詞、言いかえられなければ形容詞です。

28 体言《たいげん》・用言《ようげん》

◆**体言**《たいげん》……**活用しない自立語**で、その単語だけで**主語**になることができるものを**「体言」**とよび、品詞《ひんし》では**「名詞」**がこれに当たります。

「名詞」には次の五種類があります。

1 **普通名詞**《ふつう》……一般《いっぱん》的な物の名。(例＝海・国・人間・本・野球・算数・光)

2 **固有名詞**……地名・人名など、一つしかない特定の物の名。(例＝太平洋・イギリス・富士山・夏目漱石《そうせき》)

3 **数　詞**……数量や順序《じゅんじょ》を示す。(例＝三人・五頭・百枚《まい》・第一号・

いくつ）

4　形式名詞……形は名詞だが元の意味が薄《うす》まったもの。（例＝こと・ところ・ため・もの）

5　代名詞……名詞の代わりになるもの。（例＝これ・それ・私《わたし》・あなた・彼《かれ》・彼女《かのじょ》）

◆**用言**《ようげん》……**活用する自立語**で、その単語だけで**述語**《じゅつご》になることができるものを**「用言」**とよび、品詞では**動詞**・**形容**《けいよう》**詞**・**形容動詞**がこれに当たります。なお、一つの活用語の中で、全く変化しない部分を**「語幹」**《ごかん》、変化する部分を**「活用語尾**《ごび》**」**とよびます。動詞「あるく」の語幹は「ある」、活用語尾は「く」で、「く」の部分だけが「か行」の活用をします。

（例）「歩く」の活用

歩か―ない 歩こ―う	歩き―ます 歩い―た	歩く―×	歩く―とき	歩け―ば	歩け

1 動詞……動作や存在《そんざい》を表し、**言い切りの形が「ウ段《だん》」**で終わる。

語幹	活用語尾					
歩	か こ	き い	く	く	け	け
起	き	き	きる	きる	きれ	きろ きよ
調	べ	べ	べる	べる	べれ	べろ べよ
あとに続く言葉	ない う・よう	ます た・(だ)	。	とき こと	ば	(命令して言い切る)

参考

活用について

用言の活用については、助動詞の活用とあわせて、中学校でくわしく学習します。

次のような例外的な活用もあります。

（する）	し	し	する	する	すれ	しろ せよ
（来る）	こ	き	くる	くる	くれ	こい

2　形容詞・形容動詞……物事の性質《せいしつ》や状態《じょうたい》を表し、**形容詞は言い切りの形が「い」で終わり、形容動詞は言い切りの形が「だ」「です」で終わる。**

語幹	活用語尾				
新し	かろ	かっ く	い	い	けれ
静か	だろ でしょ	だっ で・に でし	だ です	な	なら
あとに続く言葉	う	た ない・なる	。	とき こと	ば

確《かく》認《にん》問《もん》題《だい》

解答271ページ

1 次の名詞《めいし》を、普通《ふつう》名詞・固有名詞・数詞・形式名詞・代名詞に分類しましょう。（④⑩は――線部）

①朝日　②日本　③第五番
④言うとおり　⑤屋根　⑥富士山
⑦あれ　⑧研究　⑨いくつ
⑩言うこと　⑪スポーツ　⑫一か月
⑬山登り　⑭定型《ていけい》詩　⑮これ

2 次の文の――線部の用言を、それぞれ言い切りの形に直し、その品詞名を答えましょう。

湖畔《こはん》の道は、柔《やわ》らかな霧《きり》の中に、ほの白くどこまでも続く。このような道をひとり静かに歩くのは、往来《おうらい》の激《はげ》しい都会などで、せかせかとあわただしく歩くのに比べると、別世界のような感じがする。

参考　言い切りの形

文末に置いて「。」で終わらせるときの形が、言い切りの形です。中学校で習う活用表では「終止《しゅうし》形」と呼《よ》びます。

29 連《れん》体《たい》詞《し》・副詞

◆**連体詞《れんたいし》**……活用しない自立語で、**体言《たいげん》（＝名詞）を修飾《しゅうしょく》する**文節（＝連体修飾語）をつくります。

（例）この　その　あの　ある　大きな　小さな　おかしな　どの
あらゆる　とんだ　ばかげた　単なる　たいした

◆**副詞**……活用しない自立語で、主に、**用言《ようげん》（＝動詞・形容詞《けいようし》・形容動詞）を修飾する**文節（＝連用修飾語）をつくります。しかし、用言以外の言葉を修飾することもあります。

（例）もっとたくさん　←副詞「もっと」が、副詞「たくさん」を修飾している。

副詞は、以下の三つのグループに分けることができます。

1 **程度《ていど》の副詞**（「どのくらい」を表す）

（例）ずっと大きい　もっとたくさん　少し足りない　かなり大変だ

すっかり慣れた

2 **状態《じょうたい》の副詞**（「どのように」を表す。擬声《ぎせい》語・擬態《ぎたい》語もこれにあたる）

（例）ゆっくりと歩く　たちまち追いつく　こっそりしのびこむ

ワンワンほえる　さっと立ち上がる　ゆらゆらゆれる

ひらひら散る　すぐやる

3 **呼応《こおう》の副詞**（上で副詞が呼《よ》ぶと文末で特定の語句《ごく》が応《こた》える）

（例）少しも〜ない　まるで〜ようだ　あたかも〜ようだ

たとえ〜ても　もし〜ば

とうてい〜まい　なぜ〜か　どうして〜か　まさか〜あるまい

たぶん〜だろう

◆**擬声語・擬態語**……「状態の副詞」には、「擬声語・擬態語」が含《ふく》まれます。「擬」は「まねをする」という意味です。

> 擬声語＝ことばを使って音声を言い表したもの
> 擬態語＝ことばを使って様子や状態を言い表したもの

擬声語は、多く**動物の鳴き声や物音など**を表したものが多く、主として**カタカナ**で表記されます。

（例）犬がワンワンとほえた。／ドカンと大きな音がした。

擬態語は、**ものごとの様子や状態**が「どんなふう」であったかを、わかりやすいイメージで表したもので、主として**ひらがな**で表記されます。

（例）背《せ》がすらりと高かった。／あたりをきょろきょろ見回す。

同じ語でも、擬声語・擬態語の双方《そうほう》に用いられるものもあります。

（例）たいこがドンドンと鳴りひびいた。（擬声語）

勉強がどんどん進んだ。（擬態語）

（例）教会の鐘《かね》がカンカンと鳴った。（擬声語）

日ざしがかんかんと照りつける。（擬態語）

作家の**宮沢賢治《みやざわけんじ》**は、自分の作品の中で、擬声語・擬態語をたくみに使ったことで有名です。

どっどど　どどうど　どどうど　どどう
青いくるみも吹《ふ》きとばせ
すっぱいかりんも吹きとばせ
どっどど　どどうど　どどうど　どどう

『風の又三郎《またさぶろう》』より

二疋《ひき》の蟹《かに》の子供《こども》らが青じろい水の底で話していました。
「クラムボンはわらったよ。」
「クラムボンはかぷかぷわらったよ。」

『やまなし』より

参考

擬声語・擬態語の工夫

作家や詩人は、自分なりのオリジナルの擬声語・擬態語を工夫することがあります。宮沢賢治《みやざわけんじ》はその典型《てんけい》です。辞書になくても、相手に伝われば成立してしまうのが、擬声語・擬態語の面白いところです。みなさんも、具合が悪くてお医者さんに診《み》てもらうとき、擬態語を工夫しているのではありませんか?

確《かく》認《にん》問《もん》題《だい》

解答271ページ

1 次の文の――線部から連体詞《れんたいし》を見つけ、その連体詞に修《しゅう》飾《しょく》されている名詞も答えましょう。

この世の中では、小さなことから大きなことまで、あらゆる事件《じけん》がたえず起こっている。

2 次の各文中から副詞を見つけ、その副詞に修飾されている文節も答えましょう。

1. 今日は　富士山が　ずいぶん　はっきりと　見える。この　天気は　はたして　何日　続くのか　全く　わからない。

2. もう　満船に　近いらしく、船が　低いので、少し　高い　波なら　直《じか》に　甲板《かんぱん》まで　押《お》し寄《よ》せる。

30 接《せつ》続《ぞく》詞《し》・感動詞

◆**接《せつ》続《ぞく》詞《し》**……活用しない自立語で、**接続語**の文節をつくります。単語と単語、文節と文節、文と文、段《だん》落《らく》と段落が、**どういう関係でつながっているか**を示《しめ》しています。

1 **逆《ぎゃく》接《せつ》**

前の事柄《ことがら》と後の事柄が、反対であることを示《しめ》す働き。

(例) しかし、だが、が、けれども、ところが、でも、それなのに

2 **順《じゅん》接《せつ》**

前の事柄と後の事柄に、因果《いんが》関係があることを示す働き。

(例) すると、だから、それで、したがって、それゆえ、よって

3　並立《へいりつ》・添加《てんか》

前の事柄に後の事柄を、つけ加えたり並《なら》べたりする働き。

(例) そして、さらに、そのうえ、また、しかも、および、かつ

4　選択《せんたく》・対比《たいひ》

前の事柄と後の事柄を比《くら》べたり、どちらかを選んだりする働き。

(例) または、それとも、あるいは、むしろ、もしくは

5　説明・補足《ほそく》・例示《れいじ》

前の事柄の説明や補足を加えたり、例をあげたりする働き。

(例) なぜなら、というのも、ただし、なお、たとえば、もっとも

6　要約・言い換《か》え

前の事柄をまとめたり、ひとことで言い換えたりする働き。

(例) 要するに、つまり、すなわち

7　**転換《てんかん》**
それまでの話題や場面を変えるときに、転換のサインを示す働き。
(例) ところで、さて、ときに、では、それでは

◆**感動詞**……活用しない自立語で、**独立語《どくりつご》**の文節をつくります。

1　**感動**　(例) あら、ああ、まあ
2　**呼《よ》びかけ**　(例) おい、もしもし
3　**応答《おうとう》**　(例) はい、いいえ、うん
4　**あいさつ**　(例) こんにちは、ありがとう
5　**かけ声**　(例) そら、それ、よいしょ

確《かく》認《にん》問《もん》題《だい》

解答272ページ

1 次の各文で、アとイのどちらが接続詞《せつぞくし》ですか。

1. ア 雨は降《ふ》ったが、道は悪くない。
　イ 雨は降った。が、道は悪くない。

2. ア 山また山を越《こ》えていく。
　イ 今日もまた山を越えていく。

3. ア 私《わたし》も行くのだから、君も来なさい。
　イ 私も行く。だから、君も来なさい。

2 次の各文で、アとイのどちらが感動詞ですか。

1. ア それがね、とてもうまくいったんだよ。
　イ ね、このくらいうまくいけばいいだろう。

2. ア それ、行け。
　イ それ、実は私です。

31 助動詞《じょどうし》

助動詞《じょどうし》は、活用する付属語《ふぞく》で、直前に位置する語に様々な意味をつけ加えます。

（例）去年の夏、ぼくらは海に行った。

この文の述語《じゅつご》「行った」に注目してみましょう。「行った」は、動詞「行く」に助動詞「た」がくっついたものです。ここでの助動詞「た」は、「行く」という動作が「過去《かこ》の出来事であった」ことを表しており、「過去の助動詞」として働いています。このように助動詞は、直前に位置する語に様々な意味を付け加える付属語です。

○助動詞の活用

同じ付属語でも、「活用する」という点で、助動詞は助詞と区別されま

す。活用のしかたは助動詞によってそれぞれ異《こと》なり、
・動詞と似《に》た活用をする助動詞
・形容《けいよう》詞と似た活用をする助動詞
・形容動詞と似た活用をする助動詞
・特殊《とくしゅ》な活用をする助動詞
があります。

○助動詞の意味

1　受身《うけみ》・可能《かのう》・自発・尊敬《そんけい》「れる・られる」

①**受身**（～に～される）（例）生徒に相談される・追い詰《つ》められる
②**可能**（～することができる）（例）すぐ覚えられる
③**自発**（自然と～される）（例）故郷《こきょう》が思われる・容態《ようだい》が案じられる
④**尊敬**（尊敬語を作る）（例）先生が話される・おじさんが来られる

2　使役《しえき》「せる・させる」
（他の者に～をやらせる）（例）本を読ませる・試験を受けさせる

3　打ち消し「ない」「ぬ（ん）」
（打ち消す）
（例）雨が降《ふ》らない・運動しない・知らぬ者はいない・行きません

4　希望「たい」「たがる」
（～したい）（例）どこかへ行きたい・洋服を買いたがる

5　伝聞・様態《ようたい》「そうだ」「そうです」
①伝聞（人から伝え聞いた）
（例）明日は晴れるそうだ・かれも行くそうだ
②様態（様子や状態《じょうたい》を示《しめ》す）
（例）明日は晴れそうだ・かれも行きそうだ

6　たとえ・例示《れいじ》・推定《すいてい》「ようだ」「ようです」

①たとえ（まるで～のようだ）

(例) まるで犬のようだ・人形のようなかっこう

②例示（例えば～のような）

(例) 君のような人・先生のようになりたい

③推定

(例) 風が吹《ふ》いているようだ・やっと来たようだ

7　断定《だんてい》「だ」

（はっきりと言い切る）(例) あれが学校だ・君は秀才だ

8　丁寧《ていねい》な断定「です」

（「だ」の丁寧語）(例) 私《わたし》が田中です・あれが学校です

9　丁寧「ます」

（丁寧語を作る）(例) 私が行きます・いらっしゃいませ

10　過去《かこ》・完了《かんりょう》・存続《そんぞく》「た（だ）」

①過去（すでに過ぎ去ったこと）

(例) きのうは寒かった・昨年行きました・鳥が飛んだ

②完了（時に関係なく動作の完了を示す）

(例) やっと列車が着いた・着いたら知らせろ

③存続（～している状態）

(例) 壁《かべ》にかけた絵・頭にかぶった帽《ぼう》子

11　推量《すいりょう》・意志《いし》・勧誘《かんゆう》「う・よう」

①推量（たぶん～だろうと話し手が推《お》し量《はか》る）

(例) さぞ楽しかろう・明日は天気も晴れよう

②意志（私が～したいという気持ちを示す）

(例) 私が行こう・みんなで出かけよう

③勧誘（～しようと他人を誘《さそ》う）

(例) いっしょに遊ぼう・そろそろ終わりにしよう

12　打ち消しの推量・意志「まい」

①打ち消しの推量（たぶん～しないだろうと話し手が推し量る）

（例）彼《かれ》は行くまい

②打ち消しの意志（～しないようにしよう）

（例）私は行くまい

13　推定「らしい」

（何らかの根拠《こんきょ》にもとづいて推《お》し量《はか》る）

（例）雨はすぐやむらしい・彼《かれ》は東京へ行くらしい

確《かく》認《にん》問《もん》題《だい》

解答272ページ

1 次の各文の――線部の助動詞《じょどうし》の意味を、その下のア・イから選びましょう。

1. 私《わたし》は小学生だ。　(ア 断定《だんてい》　イ 過去《かこ》)
2. 夕食の支度《したく》ができた。　(ア 意志　イ 完了《かんりょう》)
3. まるで遠足のようだね。　(ア 伝聞　イ たとえ)
4. 私はなんとしてでも行きたい。　(ア 可能《かのう》　イ 希望)
5. クラス全員にそうじをさせる。　(ア 使役《しえき》　イ 尊敬《そんけい》)

2 次の文中の「ない」はそれぞれ「形容詞《けいようし》」か、それとも「打ち消しの助動詞」か、答えましょう。

君はたぶんもうここにはもどらない[ア]という、うわさを耳にした。それでもかまわない[イ]、とぼくは思った。いかにも、いさぎよくて、君らしいではない[ウ]か。きみも、ぼくも、それぞれの人生があって、もうこのふるさとを振《ふ》り返ることはない[エ]のだ。ただ、あの約束はもうかなわない[オ]の

参考

「ない」の識別《しきべつ》のコツ

「ぬ」で置きかえられるなら助動詞、置きかえられないなら形容詞です。

か、と思うと、決してさびしくないわけではなかった。
（カ）（キ）

3 次の各組の——線部には、一つだけ使い方のちがうものがあります。それを選んで記号で答えましょう。

1.　ア　あの犬は田中さんのものだそうだ。
イ　見ただけでも冷たそうだ。
ウ　彼《かれ》の走り方は本当に苦しそうだ。
エ　ぼくは山田君に負けそうだ。

2.　ア　幅《はば》四メートルの堤防《ていぼう》も、今にも決壊《けっかい》しそうだ。
イ　妹もピクニックに行くそうだ。
ウ　教授《きょうじゅ》もいろいろ苦心したそうだ。
エ　彼は出かけているそうだ。

32 助詞《じょし》

助詞《じょし》は、活用しない付属語《ふぞくご》で、文節と文節の関係を示《しめ》したり、語について意味をつけ加えたりします。

数が限《かぎ》られ、意味で分類しやすい助動詞に対して、助詞は数が多く、それぞれの助詞の意味と用法を完全にマスターするのは容易《ようい》ではありません。実際《じっさい》に問題にあたりながら、少しずつ覚えていくのがよいでしょう。

ここでは、よく使われる重要な助詞だけ、例文とともにあげておきます。

1 「が」

・私《わたし》が食べます。（主語を示す）

・夏が来たが、まだすずしい。（逆接《ぎゃくせつ》を示す。「のに」に言い換《か》えられる）

・空港に着いたが、たいへんな人だかりだった。（単純《たんじゅん》な接続《せつぞく》を示す）

・男子は賛成《さんせい》したが、女子は反対した。（対比《たいひ》を示す）

2「の」

・私の乗った車が走る。（主語を示す。「が」に言い換えられる）
・東京の名物料理。（連体修飾《しゅうしょく》語を作る）
・あの家が私のです。（名詞の代用。「（〜の）もの・こと」の意味）
・君はだれなの。（疑問《ぎもん》を表す。文末に置かれる）
・良いの悪いのと大騒《おおさわ》ぎ。（並立《へいりつ》を示す。一つでは使わない）

3「に」

・六時に解散《かいさん》した。（時刻《じこく》・時間を示す）
・駅に着く。（到着《とうちゃく》点を示す）
・広場に集まる。（場所を示す）
・犬に追われる。（受け身の対象《たいしょう》を示す）
・見物に行く。（動作の目的を示す）
・先生になる。（結果を示す）

4「で」

・風邪《かぜ》で休む。（原因《げんいん》理由を示す）
・米国で産出された。（場所や時を示す）
・筆で書く。（手段《しゅだん》方法を示す）

5「と」

・犬と遊ぶ。（一緒《いっしょ》の相手を示す）
・兄と弟。（並立を示す）
・「行け」と言われた。（言葉の引用を示す）
・先生となる。（結果を示す）
・帰宅すると弟がいた。（確定《かくてい》の順接）
・冬になると寒い。（そうなれば必ず～する）

6「を」

・君を見ている。（対象を示す）
・海を渡《わた》る。（通過《つうか》移動《いどう》する場所を示す）

・故郷を離《はな》れる。（出発の起点を示す）

7 「より」
・君より速い。（比《ひ》較《かく》を示す）
・寝《ね》るより方法がない。（限定《げんてい》 〜しか）

8 「から」
・ゼロからの出発。（起点を示す）
・石油から作る。（原材料を示す）
・つらいから帰りたい。（原因理由を示す）

9 「ながら」
・歩きながら食べる。（動作の並立を示す）
・幼いながらがんばる。（逆接）

10「くらい」

・一時間くらい遊ぶ。（程度《ていど》）

・そうじくらいやれよ。（軽い程度）

11「さえ」

・歩くことさえできない。（一例をあげて他を類推《るいすい》させる）

・食物さえあれば。（限定　～だけ）

・風さえ吹《ふ》いてきた。（つけ加える）

12「ばかり」

・一時間ばかり。（程度　～くらい）

・遊んでばかりいる。（限定）

・出発したばかり。（動作の直後）

13「ば」

・行けば楽しい。（仮定の順接）

・春になれば暖《あたた》かい。（そうなれば必ず〜する）
・本も読めば文も書く。（並立）

14 「でも」
・お茶でものもう。（例示《れいじ》）
・そんなことは子どもでもわかる。（他を類推させる。でさえ）

15 「たり（だり）」
・食べたり遊んだりする。（並立）
・人に迷惑《めいわく》をかけたりしてはならない。（例示）

確《かく》認《にん》問《もん》題《だい》

解答272ページ

1 次の各例文の――線部と同じ使い方のものを、あとのア～エから一つずつ選びましょう。

1. 犬にかまれる。

ア 人に見られる。
イ お礼に来る。
ウ 馬に乗る。
エ 水にうかぶ。

2. ご飯と梅干《うめぼ》しをもっていく。

ア さようならと言った。
イ 帰ってみると夜になっていた。
ウ 早く言おうとしました。
エ それとこれは同じものです。

3. 気の荒《あら》い人たちだね。

ア 花の咲《さ》くきれいな庭でした。
イ 花のかおりがやさしい。
ウ 陽射《ひざ》しの中を歩く。
エ 夢《ゆめ》のような一日が過《す》ぎた。

4. 雨で遠足は中止になった。

ア よろこんでやりましょう。　イ あとで考えましょう。

ウ はだしでどんどん走りました。　エ 日照り続きで困《こま》ります。

5. がんばってやっているがなかなかうまくいかない。

ア 登るのがそれ自体難《むずか》しい。

イ 探《さが》したが見つからない。

ウ 水がもっと必要です。

エ ようやく春がやってきました。

6. 中にはたいへん人なつっこいのもいるのです。

ア 桜《さくら》の花が咲きました。

イ これは私の書いた文章です。

ウ ぼくのを貸《か》してあげよう。

エ 行くの行かないのともめている。

33 説明的文章（1）

○なぜ書くのか？　なぜ読むのか？

そもそも、人はなぜ言葉を使うのでしょうか。それは、誰《だれ》かに何かを伝えるためですよね。ではなぜ人は、誰かに何かを伝えたいときに、口で話すのではなく、わざわざ文章を書くことがあるのでしょう？　例えば、昔の人も、手紙や日記を残しています。手紙は、遠くにいる人に言葉を届《とど》けるために書いたのでしょうし、日記は、自分が体験したことを忘《わす》れないように書いたのでしょう。いずれにせよ、**文章を書くことによって、私《わたし》たちの言葉は、目の前にいる人に届くだけではなく、空間を超《こ》え、時間を超えることができるようになりました。**自分の考えを、不特定多数の人たちに伝えたり、後世《こうせい》に残したりすることが可能《かのう》になりました。そして、読者としての私たちは、同じ時代を生きる日本人だけでなく、古今東西の人類が考えたことを知り、学び、そこから自分なりの考えを組み立てることができるようになりました。なかなか、すごいことだと思いませんか。

みなさんは、文章を読み、自分なりに考え、文章を書くことを通して、人類の歴史《れきし》に連なることができるのです。そして、そのためにまず必要なのが、国語の学習なのです。

○文章の種類

文章は、大まかに言って、以下の三種類に分けることができます。

①説明的文章……ある事実について、調査《ちょうさ》や分析《ぶんせき》をして、報告《ほうこく》・説明するもの。またその事実にもとづいて、自分の意見を述《の》べるもの。説明文、論説文《ろんせつぶん》（評論《ひょうろん》）、報告文、報道文、学術論文《がくじゅつろんぶん》など。

②文学的文章……空想を広げたり、感性《かんせい》を働かせたりして、主として人間の心の中や、印象《いんしょう》深い出来事について、ことばたくみに表現《ひょうげん》するもの。物語、小説、詩、短歌、俳句《はいく》、戯曲《ぎきょく》、随筆《ずいひつ》、紀行文《きこうぶん》など。

③実用的文章……日常《にちじょう》生活の中で、具体的な必要があって書かれるもの。
取り扱《あつか》い説明書、契約《けいやく》書、企画《きかく》書、法律《ほうりつ》、広告《こうこく》など。

○説明的文章の分類

説明的文章は、以下の二つに大別できます。

分析型《がた》＝ある事実について、調査・分析・研究した内容《ないよう》を、報告・説明・解釈《かいしゃく》するもの。（説明文、報告文、報道文、学術論文など）

意見型＝ある問題について、調査・分析・研究した事実を踏《ふ》まえて、自分なりの意見を述べるもの。（論説文など）

つまり、いずれも、事実について述べている点は同じですが、その事実について説明するのが**分析型**、その事実をもとに独自《どくじ》のものの見方を提示《ていじ》したり、何か提案したりするのが**意見型**です。

○説明的文章の基本構造《きほんこうぞう》

説明的文章は、分析型であれ意見型であれ、特定の**テーマ**にしたがって書かれます。テーマとは**「〜とは何か？」「〜のはなぜか？」「〜にはどうするか？」**といった**問いかけ**です。この**問い**に対して**答え**を出すのが説明的文章です。そこで大切なことは、その答えには必ず**根拠《こんきょ》**がある、ということです。「Aについて、私はBだと思います。なぜならCだからです」というときの、Cが根拠です。この「なぜなら〜」が説明できないなら、それはただ自分の言いたいことを、一方的にくりかえすだけになってしまいます。「なぜなら〜」が説明できれば、「なるほど、だからBが答えになるのか」と、読者は納得《なっとく》するかもしれません。

○説明的文章の要点をつかもう

説明的文章を読むときは、「筆者は要するに何が言いたいのか」、つまり**要点**をつかむことが大切です。その文章の**「問い・根拠・答え」**が何なのかを、自分で短くまとめ直す（＝**要約**する）と良いでしょう。そこで、文章の**段落《だんらく》構成**が手がかりとなります。説明的文章に限《かぎ》らず、ある程度《ていど》長い文章を読むときは、必ず**意味段落分け**をして、**要点**をつかんで下さい。

○説明的文章の意味段落の構成

代表的なものは次の通りですが、他にも色々なパターンがあります。

問い｜根拠｜答え

問い｜答え｜根拠

（問いなし）｜根拠｜答え

（問いなし）｜答え｜根拠

次の課題文は、**意見型（論説文）**です。全体を三つに意味段落分けして、どれが**問い**で、どれが**根拠**で、どれが**答え**かを確定《かくてい》し、それぞれの意味段落の内容を短くまとめた題名をつけてみましょう。

確《かく》認《にん》問《もん》題《だい》

次の文章を読んで、あとの問いに答えましょう。[1]～[15]は段落《だんらく》番号です。

解答273ページ

[1] ①人間は、どうやって新しい世界を発見したり、つくり出したりするのか。

[2] そのことを考えるとき、いつも思い出す話がある。僕《ぼく》が実際《じっさい》に見聞した、南九州のある離《はな》れ島に住むサルの話である。この島には、たった一家族の漁師《りょうし》のほかは、百頭ほどの野ザルだけが住んでいる。②そこに半月ほど滞在《たいざい》して、サルを研究している学者たちといっしょに暮《く》らした。そのときに体験したことである。

[3] 群れの中で、若《わか》いサルたちが③不思議な役割《やくわり》を果たした。

[4] もともと、この野ザルたちは島の林の中で暮らしていた。[a]、海とはほとんど縁《えん》がなかった。たまに、高い崖《がけ》の上から、足を滑《すべ》らしたサルが、海に落ちておぼれるくらいであった。

[5] [b]、研究者たちが島に来て、えさを与《あた》えるようになると、

群れは毎日のように海岸へ降《お》りてくることになった。[C]今では、サルたちは、海で泳ぐこともできるし、海の中に入って貝をとって食べることも知ったし、芋《いも》を海の水で洗《あら》うことまで覚えた。

[6] 海は昔から島の周りにあった。しかし、サルたちにとって、以前は海という世界は存在《そんざい》しないのと同じであった。それはサルに、何も与えてくれなかった。その海が、今ではサルの世界に、新しく発見された。④この発見をなしとげたのは、群れの中の若いサルたちであった。

[7] 年長のサルがボスザルとなって、きびしく群れを支配《しはい》している。若いサルたちは、ボスザルに、いつも押《お》さえつけられている。群れの外側にいつもいなければならないので、めったにおいしいものを食べることもできない。ボスザルの見ている前で、ゴチソウに手を出すこともできない。いつも、年長のサルが食べ残すまで待っていなければならないのだ。

[8] しかし、たった一つ、若いサルの自由があった。それは冒険《ぼうけん》の自由である。若いサルたちは、旺盛《おうせい》な好奇心とエネルギーで、さまざ

まな冒険を試みる。今まではただ恐《おそ》ろしがっていた海の浅瀬《あさせ》に、ある日⑤一匹《ぴき》の若いサルが入ったのも、そんな冒険の一つだった。

9 この冒険は成功した。若いサルたちは、次々と、開拓《かいたく》者のあとに続いた。まもなく、子どもザルやメスザルまで、[A]をとりいれるようになった。貝は新しい好物になったし、芋を波で洗うのもみんながやるようになった。泥《どろ》が落ちるうえに、塩味がついておいしいと、サルでも思うらしいのだ。

10 ただ、⑥ボスザルだけが、どうしてもこの習慣《しゅうかん》になじめなかった。あまりに古い世界の中にだけ生きてきた彼《かれ》には、どうしても新しい習慣をとりいれることができなかった。

11 僕がミカンを投げる。ミカンはサルの大好物である。砂浜《すなはま》の上に落ちたミカンは、[B]の口には入らない。みんな[C]が取り上げてしまうのだ。ところが、海の上に落ちたミカンは、一つも[D]のものにはならない。ほかのサルが飛び込《こ》んで、みな取ってしまうのだ。

12 僕が見たときに、ボスザルが一匹、砂で芋を洗っていた。砂でゴシゴシやったって、別においしくなるとは思えないが、海に入って洗える若者たちがうらやましくてしょうがないのだろう。

13 若いサルの中には、とうとう三百メートルほどの海峡《かいきょう》を泳ぎわたって本土に上陸するというような冒険をするものまで現《あらわ》れた。

14 人間の若者たちは、長いあいだの歴史《れきし》の中で、サルなどとは比《くら》べものにならない自由と知恵《ちえ》を身につけている。

15 しかし、人間のために、新しい世界を見つけ出したり、つくり出したりするのは、やはり冒険の精神《せいしん》である。また、人間の場合には、古い世界の支配が不合理であるとき、⑦それを倒《たお》して変える努力をすることもできる。ここでもやはり、古い支配者との上下関係を変えるのは、大きな冒険である。そして冒険の精神は、若さの特権《とっけん》だということもできる。

（羽《は》仁進《にすすむ》『冒険の精神』より）

参考

羽仁進（はに・すすむ）
一九二八〜　映画《えいが》監督《かんとく》。岩波《いわなみ》映画製作《せいさく》所の創設《そうせつ》に参加し、『教室の子供たち』をはじめとした記録映画を手がけ、のち劇《げき》映画にも進出。父は歴史《れきし》学者羽仁五郎《ごろう》、娘《むすめ》はエッセイスト羽仁未央《みお》。

問一 [a]～[c]にあてはまることばを次の中から選びましょう。

ア そして　イ だから　ウ ところが　エ なぜなら

問二 [A]（⑨段落）にあてはまる五字のことばを文中から書きぬいて答えましょう。

問三 [B]～[D]には、①ボスザル、②若いサル、のどちらかが入ります。それぞれ番号で答えましょう。

問四 次の一文は文中からぬき出したものです。もともと、どの段落のはじめにあったものですか。段落の番号で答えましょう。

サルの世界は、人間の世界のように自由ではない。

参考

脱文《だつぶん》補充《ほじゅう》問題への対応《たいおう》

問四のような設問《せつもん》を脱文補充問題と呼《よ》びます。(1)脱文中の接続《せつぞく》語や指《し》示《じ》語や語句《ごく》から、前後にどのような内容が来るかを考え、ふさわしい場所をさがします。(2)場所を特定できたら、そこに脱文を当てはめて、文章の前後の流れに不自然なところがないかどうか、読んで確認《かくにん》します。

記述式《きじゅつしき》問題への対応

問六のような記述式問題は、(1)本文の言葉をそのままぬき出すのか、本文の言葉を使いながら形を変えるのか、自分の

問五　――線部①「人間は、どうやって……するのか。」（1段落）という問いかけに対する、筆者自身の答えが述べられている一文のはじめの五字を文中から書きぬいて答えましょう。句読《くとう》点も一字に数えます。

問六　(1)　――線部②「そこ」（2段落）の指していることばを文中から十字以内で書きぬいて答えましょう。

(2)　――線部⑦「それ」（15段落）の指している内容を、文中のことばを使って十一字ちょうどで答えましょう。

問七　――線部③「不思議な役割」（3段落）とは何ですか。最もふさわしいものを次の中から選びましょう。

ア　海とサルの世界とを結びつける役割。

イ　海へ降りてゆく道を見つけ出した役割。

ウ　海で泳ぐことを教えた役割。

エ　ボスザルの支配をうちやぶった役割。

言葉で書くのか、どのパターンなのかを確認します。(2) 本文中の解答《かいとう》の手がかりを確定します。(3) 字数と、文末（結び）の形に注意して、解答を作成します。文末は、①「～どういうことか？」という設問に対して「～ということ。」と答えるように体言《たいげん》（名詞《めいし》）で結ぶ、②「～なぜか？」という設問に対して「～から。」「～ので。」で結ぶ、③用《よう》言《げん》（述語）で結ぶ、の三通りに大別できます。

問八　――線部④「この発見」（6段落）について次の⑴～⑶に答えましょう。

⑴「発見」されたものは何ですか。文中から六字のことばを書きぬいて答えましょう。

⑵「この発見」の原因《げんいん》となったものは何だと筆者は説明していますか。次の□にあてはまることばを文中から書きぬいて答えましょう。

□□□□□□のもっている□□□□□。

⑶「この発見」とは具体的にどういうことですか。十字以内のことばをそれぞれ文中から三つ書きぬいて答えましょう。

問九　――線部⑤「一匹の若いサル」（8段落）のことを、文中の他のところでは何と言っていますか。文中から三字のことばを書きぬいて答えましょう。

問十　――線部⑥「ボスザルだけが、どうしてもこの習慣になじめなかった」（10段落）とありますが、それはなぜですか。最もふさわしいも

参考

指示語《しじ》問題への対応

問八で問われている「この発見」の「この」は指示語です。指示語が出てきた場合は、まず、指示されている語を確定しましょう。ふつうは直前にあるはずです。ただし直前といっても、「直前の直前」くらいの距離《きょり》かもしれませんから、注意が必要です。また、指示語が直後を指示することも、まれにあります。

選択《せんたく》式問題への対応

問十のような選択式問題は、いきなり選択肢《し》を検《けん》討《とう》するのではなく、⑴解答の手がかりを本文中

のを次の中から選びましょう。

ア 芋は海水で洗わなくても、砂でゴシゴシやるだけでおいしいから。

イ 海に入ったり、新しい食べものをとったりするのはこわいと思ったから。

ウ 若いサルたちの発見したものをとり入れるのはボスザルとしてできないから。

エ 古い習慣がすっかり身について、新しいものについてゆけないから。

問十一　この文章を三つの部分に分けるとすれば、二番めの部分は何段落から何段落までですか。段落番号で答えましょう。

にさがします（多くの場合、傍線《ぼうせん》の直前直後にあります）。（2）記述式問題に対応する場合と同様に、自分の頭の中で答えを組み立ててみます。（3）その答えにいちばん近い選択肢を選びます。以上の手順でうまくいかない場合は、選択肢のまちがい箇所《かしょ》を特定して、消去法で選びます。

34 説明的文章(2)

○説明的文章を要約しよう

次の文章の「問い・根拠《こんきょ》・答え」を、それぞれ要約してみましょう。まず「問い」と「答え」を引き出して、最後に「根拠」をまとめて下さい。

自由はしんどい

中学生や高校生の頃《ころ》、毎日制服《せいふく》を着て学校に通うことを、きゅうくつだと感じていた。だが大学生になってから、毎朝自分で私服《しふく》を選んで出かける方が、はるかに面倒《めんどう》だと気が付いた。おしゃれに気を使っているつもりはなくても、組み合わせだとか色づかいだとか、それなりに考えなければならないからだ。自由であることは良いのだが、なんでも自分で決めねばならないとなると、それが精神《せいしん》的にストレスになることもある。大学生の就職《しゅうしょく》活動は、誰《だれ》に命じられたわけでもなかろうに、いつからかみんな真っ黒なスーツを着るようになってしまった。ところが企業《きぎょう》は、学生の個性《こせい》を見たいというのだから、おかしな話なのだ。せめて昔のように、就職活動のスーツくらいはもう少し多様性《せい》を認《みと》める方が、採用《さいよう》する企業にとっても、いくらか頭を悩《なや》ませることが減《へ》るのではないか。人間は、本当は一人一人バラバラで、たった一人で世界に立ち向かうべきときもあるはずだ。私《わたし》たちは自由でいるべきかと問われれば、日常《にちじょう》生活のすみずみまで自由を徹底《てってい》する必要はないけれども、しかし「ここ一番」というべき人生の重要な局面では、ストレスにたえて、物事を自由に選択《せんたく》するべきだと思う。

要約の例

●**問い**＝私たちは自由でいるべきか。

●**答え**＝日常生活のすみずみまで自由を徹底する必要はないが、人生の重要な局面では、ストレスにたえて、物事を自由に選択するべきだ。

●**根拠**＝なんでも自分で決めることには精神的なストレスがあるが、人間がたった一人で世界に立ち向かう姿勢《しせい》を示《しめ》すべきときもあるはずだから。

制服と私服の話や就職活動のスーツの話という具体例まで「根拠」に入れると、長くなりすぎるので、ここでは省略《しょうりゃく》してみました。

この文章では、最後に「問い」と「答え」が出てきましたが、**「問い」は文中で明確《めいかく》に示されない場合もあります。その場合は、本文の「答え」に対応《たいおう》する「問い」を、自分で考えてみましょう。**

次の課題文は、文中で「問い」が示されず、いきなり「答え」から始まり、その後に「根拠」が続いていると考えられる、**分析型《ぶんせきがた》（説明文）**です。では「問い」はなんでしょうか？

意味段落《だんらく》分けをして、要約もやってみましょう。

確認問題《かくにんもんだい》

解答276ページ

次の文章を読んで、あとの問いに答えましょう。1～7は段落《だんらく》番号です。

1 ここに茶わんが一つあります。中には熱い湯がいっぱい入っております。ただそれだけではなんのおもしろみもなくふしぎもないようですが、よく気をつけて見ていると、だんだんにいろいろの微細《びさい》なことが目につき、さまざまの疑問《ぎもん》が起こってくるはずです。ただ一ぱいのこの湯でも、自然の現象《げんしょう》を観察し研究することのすきな人には、なかなか①おもしろい見ものです。

2 第一に、湯の面からは白い湯気《ゆげ》が立っています。これはいうまでもなく、あつい水蒸気《すいじょうき》が冷えて、小さなしずくになったのが無数にむらがっているので、ちょうど雲や霧《きり》と同じようなものです。この茶わんを、えんがわの日なたへ持ちだして、日光を湯気にあて、向こうがわに黒いきれでもおいてすかして見ると、しずくの、つぶの大きいのはちらちらと目に見えます。湯気の中に、にじのような、赤や青の色がついています。これは白いうす雲が月にかかったときに見えるのと②似《に》たようなものです。

3 茶わんから上がる湯気をよく見ると、湯が熱いかぬるいかが、おおよそわかります。しめきった部屋で、人の動きまわらないときだとことによくわかります。熱い湯ですと湯気の温度が高くて、周《しゅう》囲《い》の空気にくらべてよけいに軽いために、どんどんさかんに立ちのぼります。反対に湯がぬるいと［A］。湯の温度をはかる寒暖《かんだん》計があるなら、いろいろ自分でためしてみるとおもしろいでしょう。

4 次に湯気があがるときにはいろいろのうずができます。③これがまたよく見ているとなかなかおもしろいものです。線香の煙《けむり》でもなんでも、煙の出るところからいくらかの高さまではまっすぐに上がりますが、それ以上は煙がゆらゆらして、いくつものうずになり、それがだんだん広がり入りみだれて、しまいに見えなくなってしまいます。茶わんの湯気などの場合だと、もう茶わんのすぐ上から大きなうずができて、それがかなりはやく回りながらのぼっていきます。

5　これとよく似たうずで、もっと大きなのが庭の上などにできることがあります。春さきなどのぽかぽか暖《あたた》かい日には、前日雨でもふって土のしめっているところへ日光があたって、そこから白い湯気が立つことがよくあります。そういうときによく気をつけて見ていてごらんなさい。湯気は、縁《えん》の下やかきねのすきまから冷たい風がふきこむたびに、横になびいてはまた立ちのぼります。B ときどき大きなうずができ、それがちょうどたつまきのようなものになって、地面から何尺《しゃく》もある、高い柱の形になり、ひじょうな速さで回転するのを見ることがあるでしょう。

6　白い茶わんにはいっている湯は、日かげで見てはべつにかわったもようもなにもありませんが、それを日なたへ持ちだして直接《ちょくせつ》に日光をあて、茶わんの底をよく見てごらんなさい。そこにはみょうなゆらゆらした光った線やうすぐらい線が、不規則《きそく》なもようのようになって、それがゆるやかに動いているのに気がつくでしょう。これは夜電灯の光をあてて見ると、もっとよくあざやかに見えます。夕食のおぜんの上でもやれますからよく見てごらんなさい。それもお湯がなるべく熱いほどもようがはっきりします。

[7] 茶わんの湯を、ふたもしないでおいた場合には、湯は表面からも冷えます。[B] その冷えかたがどこも同じではないので、ところどころ特別に冷たい、むらができます。そういう部分からは、冷えた水が下へおりる、そのまわりのわりあいに熱い表面の水がそのあとへむかって流れる、それが、おりた水のあとへとどく時分には冷えてまたそこからおりる。こんなふうにして湯の表面には水のおりているところとのぼっているところがほうぼうにできます。したがって湯の中までも、熱いところと、わりあいにぬるいところがいろいろにいりみだれてできます。これに日光をあてると熱いところと冷たいところとのさかいで光がまがるために、その光が一様にならず、むらになって茶わんの底を照らします。そのためにさきにいったようなもようが見えるのです。

（寺田《てらだ》寅彦《とらひこ》の文章より）

参考

寺田寅彦（てらだ・とらひこ）一八七八～一九三五　物理学者・随筆家《ずいひつか》。物理・地球物理・気象・地震《じしん》・海洋物理・応用《おうよう》物理など多方面を研究。旧制《きゅうせい》五高在学《ざいがく》中から夏目漱石《なつめそうせき》に師事《しじ》し、随筆や俳句《はいく》も数多く発表した。

問一　[A]（[3]段落）の中に入れるのに最もふさわしいことばを次の中から選びましょう。

ア　勢《いきお》いが強いわけです　イ　勢いが弱いわけです

ウ　勢いがあるわけです　エ　勢いが重いわけです

問二　[5]段落と[7]段落の[B]には同じ接続《せつぞく》語が入ります。次の中から選びましょう。

ア　または　イ　なぜなら　ウ　そして

問三　――線部①「おもしろい」（[1]段落）の意味として最もふさわしいものを次の中から選びましょう。

ア　興味《きょうみ》がある　イ　変化がある　ウ　感動がある

エ　問題がある

問四　――線部②「似たようなもの」（2段落）とありますが、何と何とが似ているというのですか。それぞれ二十字以内で答えましょう。句読点も一字に数えます。

問五　――線部③「これ」（4段落）は何を指しますか。文中のことばで答えましょう。

問六　この文章の中で、茶わんの湯について書かれていない段落をさがし、その段落の番号を答えましょう。

問七　6段落と7段落の関係として最もふさわしいものを次の中から選びましょう。

ア　7は6をくわしく書いている。
イ　7は6のわけを書いている。
ウ　7は6の続きを書いている。
エ　7は6と別のことを書いている。

問八　2段落から7段落までを二つの部分に分けるとすれば、後の部分はどの段落からになりますか。段落番号で答えましょう。また、そこで分けた理由を簡潔《かんけつ》に答えましょう。

問九　この文章の題名として最もふさわしいものを次の中から選びましょう。

ア　線香の煙　　イ　湯気のうず

ウ　茶わんの底　　エ　茶わんの湯

参考

題名問題への対応《たいおう》

問九のような、説明的文章の題名（タイトル）を考える問題は、その文章の「問い」と「答え」が確《かく》定《てい》できれば、そこから判《はん》断《だん》できます。

35 随《ずい》筆《ひつ》（1）

○随《ずい》筆《ひつ》とは？

随筆は、**説明的文章と文学的文章の中間**に位置するジャンルだと考えられます。事実について書くという点では説明的ですが、その事実はおおむね個人《こじん》的な体験であり、そこから書き手の心に感じたこと、考えたことを自由に書くという点では文学的です。ただ必ずしも客観的な見解を示すものではないので、**ジャンルで分類する場合は、文学的文章に入れます。**

個人的なできごと（＝体験）＋心に感じたこと（＝印象《いんしょう》）
＝
随筆（エッセイ）

○随筆の要点をつかもう

睡魔《すいま》

七歳《さい》の娘《むすめ》と四歳の息子《むすこ》は、夜ごと「まだ寝《ね》ない」と言い張《は》って、ちょっとでも夜の時間を引きのばそうとする。そうは言っても眠気《ねむけ》に襲《おそ》われるから、だんだんきげんが悪くなって、しまいにはふたりでけんかをし始める。それで妻《つま》や私《わたし》にしかられて、なお「まだ寝ない」と布団《ふとん》の中でふてくされ、妙《みょう》に静かだなと思ったときには、スヤスヤと寝ているのである。

睡眠《すいみん》とはふしぎなもので、寝よう寝ようと思ってもいっこうに眠くならない夜があるかと思えば、今晩《こんばん》ばかりは寝ていられない、この仕事を終わらせねば、と心に決めた日に限《かぎ》って、気がついたらぐっすり眠ってしまっている。「睡魔」とはよく言ったもので、睡眠はこちらの都合ではどうにもならず、向こうからやってくる魔物のようだ。

大人はそんな睡眠のやっかいさを、自分の体調のせいにするけれど、子どもはきっと、目に見えない魔物の存在《そんざい》を感知しているのにちがいない。だから夜ごと、その魔物との戦いを、バタバタとくり広げるのだろう。
そんなあどけない戦士《せんし》たちの寝顔を見ながら……おやすみなさい。

右の随筆の要約を作ってみて下さい。随筆の要約は、「体験」と「印象」を分けてまとめればよいでしょう。

要約の例

体験＝子どもは、夜ごと「まだ寝ない」と言い張りながら、いつの間にか寝てしまう。寝ようと思っても寝られなかったり、寝たくないのに寝てしまったり、睡眠とは不思議なものである。

印象＝睡眠は、向こうからやってくる魔物のようであり、大人とちがって、子どもはその存在を感知して、夜ごと戦っているのだろう。

では次の課題文を、段落《だんらく》分けした上で要約しましょう。二つの「体験」が書かれており、「印象」は明記されてはいませんが、推定《すいてい》して下さい。

次の文章を読んで、あとの問いに答えましょう。

1 バスはこんでいた。

2 二十年も前の話だから、①乗り物の数も少なく、おまけに乗る人間も冬は厚着《あつぎ》であった。家の中も街も今よりずっと寒く、人は暗い色の冬支度《じたく》に着ぶくれて、殺気《さっき》だって朝晩《あさばん》のラッシュにゆられていた。

3 その朝も、わたしはつり革《かわ》にもぶら下がれず、車のまん中で左右から人におされながら、週刊誌《しゅうかんし》を読んでいた。おしあい②□□□□の中で、二つ折りにした週刊誌のページをめくろうとすると、

③「あ」

という声がする。

4 声の主は、黒い学生服を着た小学校低学年らしい男の子で、わたしの胸《むね》のところに押《お》しつけられている。

5 その子は、ちょっと口をあき、うったえるような目で④わたしを見

解答279ページ

参考
この文章は、一九七〇年代ごろに書かれています。

た。週刊誌の向こう側には、まんがのっていた。かれは、まんがを読み終わらないうちにページをめくられたのだ。

6 わたしはまんがを少年に見せるようにしてまたしばらくゆられていた。少年の目がまんがの吹きだしのセリフの部分をゆっくりと追い、声を出して読んでいる。おしまいまで読み終えたところで、少年は目を上げてまたわたしを見た。⑤

7 バスが少しすいてきて、少年は次の停留《ていりゅう》所でおりる気配があった。ところが、定期券《けん》を忘《わす》れたらしい。ポケットを探《さぐ》ってこまっている。

8 わたしが、

「忘れたの?」

とたずねると、⑥おこったような顔をしてうなずいた。わたしは、小《こ》銭《ぜに》入れからバス代を出し(十円だか十五円であったかおぼえていない)少年の手ににぎらせた。⑦少年は、小銭をにぎったまましばらく外を向いてゆられていたが、おりぎわに胸のポケットから赤えんぴつをぬいてだまってわたしにつき出した。ボール紙をむくと芯《しん》の出てくる、当時としてはめずらしいもので、父親かだれかにもらったのであろう。十センチほどの使いかけであった。

9 ⑧黒革のランドセルを背負《せお》った小さい姿《すがた》が、四谷《よつや》の並木道《なみきみち》を走って行くのを、わたしはバスの窓《まど》からちらっと見た。

10 少年の宝物《たからもの》だったにちがいない⑨赤えんぴつを、わたしは大事なものを入れるチョコレートのあきばこにしまっておいたのだが、いつとはなしにどこかへいってしまった。

11 つい最近、子犬を連れた少年と顔なじみになった。

12 七つか八つの男の子で、引っぱっている黒の子犬が、テリアかなにかの雑種《ざっしゅ》らしいがなんともかわいい。少年はこの犬がじまんらしく、まあかわいいと声をかけそうなわたしの気配を察してか、わざとゆっくり歩いている。はにかみ屋のくせに⑩犬をほめてもらいたいのだ。

「なんていう名前?」

とたずねると、黒い犬の頭をなでながら、⑪小さな声で、

「クンタ」

と教えてくれた。

13 この少年とクンタには、それから二、三回出会い、今おすわりをしこんでいること、クンタはクッキーが好物であることを教えてもらい、いっしょに遊ばせてもらった。

14 しばらくして、また少年に出会った。

15 この日は犬を連れていなかった。「クンタ、大きくなった？」とたずねようとしたら、少年はとつぜん大きな声で、
「べえーっ！」

とさけび、舌《した》を出してにくったらしい顔をした。そして小走りに行ってしまった。

16 犬は死んだのかもらわれていったのか、いずれにしても少年のところにはいないのであろう。それからも少年を見かけるが、道のはしを、ちょっとすねたかっこうで歩いている。

17 子どもを持たなかったことを悔《く》やむのは、こういうときである。

（向田《むこうだ》邦子《くにこ》『眠《ねむ》る盃《さかずき》』より）

参考

向田邦子（むこうだ・くにこ）
一九二九～一九八一　放送作家・小説家。『時間ですよ』『阿修羅《あしゅら》のごとく』などのテレビドラマで高視聴率《しちょうりつ》を記録。一九八〇年、『思い出トランプ』中の短編《たんぺん》連作で直木賞《なおきしょう》受賞。随筆《ずいひつ》も多く手がけた。

問一　――線①「乗り物の数も少なく、おまけに乗る人間も冬は厚着であった」とありますが、筆者はこのように書くことで、読者にどんなことを伝えようとしているのですか。次の中から最もふさわしいものを選びましょう。

ア　今とちがい、むかしは貧《まず》しい生活をしていたこと
イ　今でも忘れられない、二十年前の冬の寒さ
ウ　バスのこみ方がたいへんなものであったこと
エ　バスの中の暑さがたいへんなものであったこと

問二　――線②□□□□にあてはまるひらがな四字を、自分で考えて答えましょう。

問三　――線③「あ」と男の子がいったのはなぜですか。その理由がはっきりわかる一文を文中からさがし、そのはじめと終わりの五字をぬき出しましょう。

問四　――線④「わたしを見た」と、――線⑤「わたしを見た」とでは、少年がわたしに伝えようとしていることはちがっているようです。左のア〜ウには文中のことばを、エには自分で考えたことばをあてはめ、少年が伝えようとしていることを答えましょう。

④どうか、ぼくが（ア）□□□□□□□るまで、（イ）□□□□□□ないで下さい。

⑤（ウ）□□□□□□□□□□ました。（エ）□□□□□。

問五　――線⑥「おこったような顔」とありますが、このときの少年の気持ちにふさわしくないものを次から一つ選びましょう。

ア　こまっている　　　イ　めいわくしている

ウ　きんちょうしている　　エ　はずかしい

問六　――線⑦「少年は、小銭をにぎったまましばらく外を向いてゆられていた」とありますが、このときの少年の気持ちとして最もふさわしいものを、次から選びましょう。

ア　わたしに対するお礼のしかたを考えている。
イ　親切な人にあったことをかんしゃしている。
ウ　バスからおりられるので安心している。
エ　帰りのバス代のことを心配している。

問七　――線⑧「黒革のランドセルを背負った小さい姿が、四谷の並木道を走って行くのを、わたしはバスの窓からちらっと見た」とありますが、このときのわたしの気持ちとして最もふさわしいものを、次から選びましょう。

ア　少年が学校におくれないか心配する気持ち
イ　少年を助けてあげたことに満足する気持ち
ウ　少年の意外な行動におどろきあきれる気持ち
エ　少年のけなげな心を思いやる気持ち

問八　――線⑨「赤えんぴつを、わたしは大事なものを入れるチョコレートのあきばこにしまっておいた」とありますが、そうしたのはなぜで

すか。最もふさわしいものを次から選びましょう。

ア ボール紙をむくと芯の出てくる赤えんぴつは、当時としてはめずらしいものだったから。

イ 赤えんぴつは少年のせいいっぱいのかんしゃの気持ちの表れなので、大切にしたかったから。

ウ かわいそうな少年を助けたなつかしい思い出をいつまでも忘れたくなかったから。

エ 少年の宝物をもらってしまうわけにはいかないので、機会があれば返してやろうと思ったから。

問九 ——線⑩「犬をほめてもらいたい」について、そうしてもらいたい少年の気持ちが行動に表れている部分を十二字でぬき出しましょう。

問十 ——線⑪「小さな声」から、少年のどんな性格《せいかく》がわかりますか。少年の性格を表す五字のことばを文中からぬき出しましょう。

参考

ぬき出し問題への対応《たいおう》

問九・問十・問十一・問十二のように、本文中の記述《きじゅつ》をぬき出す問題は、(1) 本文中のどの意味段落《だんらく》あるいは形式段落に答えがありそうかを確定《かくてい》し、(2) 求められている字数や文末の形（名詞《めいし》で終わるか、述語《じゅつご》で終わるか）を手がかりとして、答えをさがします。

問十一　後半の文章から、犬のいない少年のさびしい気持ちが行動に表れている部分をさがし、二十三字でぬき出しましょう。

問十二　後半の文章から、さびしい少年をなぐさめてやれないわたしのせつない気持ちがよく表れている一文をさがし、そのはじめと終わりの五字をぬき出しましょう。

問十三　この文章の全体をとおして筆者が言おうとしていることの説明として、最もふさわしいものを次から選びましょう。

ア　かわいそうな少年たちに同情《どうじょう》する心の優《やさ》しさが、大人には必要だ。

イ　礼ぎ正しかった昔の少年にくらべ、最近の少年は礼ぎを知らない。

ウ　いつの時代でも、少年はかわいらしく、元気いっぱいであることに変わりはない。

エ　まだおさなく、自分の気持ちをうまくことばで表現《ひょうげん》できない少年たちが、けなげでかわいらしい。

参考

内容正誤《せいご》問題への対応

問十三のような問題を内容正誤問題といいます。文章全体から判断《はんだん》しますが、これは選択《せんたく》式問題とはちがって、消去法で対応する方がかんたんです。選択肢ひとつひとつの記述の中に、本文とくいちがっている部分があるかどうか、本文と見くらべて下さい。本文とアベコベのことが書いてあったり、本文と無関係なこと（書いてありそうだけれど実際《じっさい》には書いていないこと）が書いてあったりしたら、それはマチガイ選択肢です。

36 随《ず》筆《い》（2《ひ》）

随筆《ずいひつ》は、説明的文章と文学的文章の中間に位置するジャンルだと言いましたが、実際《じっさい》にあったことや体験したことを踏《ふ》まえて書かれているという点で、説明的文章と共通します。さらに、この事実や体験、またそこから得《え》た印象《いんしょう》が、純粋《じゅんすい》に個人《こじん》的なものにとどまらず、筆者以外の多くの人々にも当てはまる内容《ないよう》――とりわけ学問的な内容――である場合、随筆は、そのぶんだけ説明的文章に近づきます。そうなると、読み方・解《と》き方も、説明的文章への対応《たいおう》とほぼ変わらなくなります。

次の課題文は随筆に分類されますが、説明文や論説《ろんせつ》文のような「問い」が隠《かく》れており、「（問い）・根拠《こんきょ》・答え」で構成《こうせい》されていると解釈《かいしゃく》できます。意味段落《だんらく》分けをしてみましょう。テーマは人生についてですが、筆者は数学者であり、数学がとりあげられている点で、**学問的な随筆**です。

確《かく》認《にん》問《もん》題《だい》

解答 282ページ

次の文章を読んで、あとの問いに答えましょう。

1　ぼくは昔から弱虫なので、力というものがa苦手だ。武力《ぶりょく》だの国力だのはもちろんのこと、体力や知力だって、あまり自慢《じまん》できない。よく「生きる力」なんてことを言う人がいるものだが、そんなものを思いださねばならぬのは、たいていが不幸なときであって、そんな意識《いしき》なしに、①すんなり生きていたい。【　】、人間は不幸になることもあるもので、そうしたときには、②仕方なしに力をふりしぼることになる。

2　ア学力というのも、そんなものだと思う。すんなりと問題が解《と》けてしまうときには、あまり学力なんていらない。ところが人間は、迷《まよ》ってしまったり、つまずいたりすることもある。そうしたときに、なんとかするために必要なのが学力である。

3　小学校や中学校あたりでは、なにかが「イ解ける力」を「ウ学力」と考えがちだ。たとえば、エはやく計算して正しい答を出す力のようなものである。ぼくは、そんなものは、たいしたことでないと思っている。計算違《ちが》いをしたときに、それに気づいて直せたり、計算がごちゃごちゃしたときに、それをすっきりさせたり、そちらのほうが学力である。

4 じつは、こちらのほうが、はやく正しい答を出すことよりは、高級な力である。まちがわず、迷わなければ、③こんな力は必要ない。しかしながら、人間はときに、まちがったり迷ったりする。つまずかず迷わないのがいいのではなく、ときには、つまずいたり迷ったりした機会に、オそれでもなんとかなる力をつけておいたほうが、安心である。

5 テストでは、b直接《ちょくせつ》には、こうした力ははかりにくい。それでたいてい、なにかがカ「できる力」だけをはかる。テストの点も、あまり悪くないほうが気持ちがいいが、テストの点というのは、その程《てい》度《ど》のものだ。

6 それよりも、人生のなかでは、迷ったりつまずいたりすることがある。そんなに先でなくとも、たとえば大学入試の最中でも、迷ったりつまずいたりする。ぼくは大学入試で数学の採点《さいてん》をするが、受験生が迷ったりつまずいたりするのは、ごく普通《ふつう》のことである。それをうまく切り抜《ぬ》ける、迷い上手でつまずき上手の受験生が、大学に合格《ごうかく》する。

7 もちろん、迷ったりつまずいたりしなければ、それはそれで幸運なことだ。力を必要としないで人生を送ることができれば、こんないいことはない。力があっても、その力を必要としないのが、よい人生である。ただ、そんなに幸運ばかりとはかぎらぬので、力のきらいなぼくだって、いざというときのため、ひそかに力をたくわえてはいる。その力が不必要で、むだになることを願いながら。

8 だからぼくは、力というものは、秘《ひ》めたる力がなによりだと考えている。力がなくて弱虫だと思われていても、いざというとき以外は、力をふりしぼる気はない。

（森《もり》 毅《つよし》『ほんにゃら数学のすすめ』より）

参考

森毅（もり・つよし）一九二八〜二〇一〇 解《かい》析《せき》学を専門《せんもん》とし、京都大学の名物教授《きょうじゅ》として親しまれた。歌舞伎《かぶき》や長唄《ながうた》に通じた芸能《げいのう》・文化評論《ひょうろん》や、教育問題への積極的発言でも活躍《かつやく》した。

問一　――線a・bと反対の意味を表す漢字二字のことばを答えましょう。

問二　【　】に当てはまることばとして最もふさわしいものを、次のア～オから選びましょう。

ア　それで　イ　そして　ウ　たとえば

エ　それでも　オ　だから

問三　＝＝線「の」(4段落)と同じ働きをしているものを、次のア～オから一つ選びましょう。

ア　弟は作りかけのプラモデルに夢中《むちゅう》です。

イ　みんなが平等に仕事をするのは当然のことだ。

ウ　しばらくの間、事態《じたい》の好転するのを待ち続けた。

エ　晴れたので外で遊ぶことにした。

問四　――線①「すんなり生きていたい」とありますが、筆者は、どのような生き方をしたいといっているのですか。「生き方」につながるように、当てはまることばをぬき出しましょう。ただし、6段落《だんらく》～8段落から、五字以上十字以内でぬき出してください。

問五　――線②「仕方なしに力をふりしぼることになる」とありますが、このふりしぼる「力」とはけっきょくどのような「力」であると筆者はいっていますか。その力を表す五字のことばを文中からぬき出しましょう。

問六　――線③「こんな力」と同じ内容《ないよう》を持つ力を、文中の――線ア～カから三つ選びましょう。

問七　この文章の筆者の考え方にふさわしいものを、次のア～カから一つ選びましょう。

ア　なにかが「できる力」と、迷ったときにそれを切りぬける力とは別の種類のものだ。

参考

ぬき出し問題への対応

問四は、6～8段落からさがすように指定されていますので、ではそのうちのどの段落に答えがありそうか、さらにしぼりこんでみましょう。問五は、問題文中にある「けっきょく」ということばがヒントです。答えはどの段落にあるでしょう?

イ　計算違いをしたり、計算がごちゃごちゃしたりするのは学力がある証拠《しょうこ》である。

ウ　なにかが「できる力」を軽くみると、人から弱虫だと思われてしまう。

エ　つまずいたり迷ったりすることの多い人生は、より多くの不幸を招《まね》くものだ。

オ　まちがえた時になんとかする力を、「解ける力」と考えることができる。

カ　「生きる力」とは正しい答えを出す力のことをいう。

37 物語（1）

物語は、空想の世界の中で、架空《かくう》の人物たちが、特別な出来事を経験《けいけん》するお話です（事実をふまえて書かれる物語も、事実そのままではなく、作者の想像《そうぞう》を交えて作られることがほとんどです）。これをしっかり理解《りかい》して楽しむためには、以下の情報《じょうほう》を引き出して、整理しておくとよいでしょう。

○だれが、いつ、どこで？（物語の設定《せってい》）

①人物　主な登場人物の設定をおさえます。**名前、年齢《ねんれい》、性別《せいべつ》、国籍《こくせき》、出身地、職業《しょくぎょう》、性格《せいかく》など**。人物間に血縁《けつえん》関係がある場合は、**家系《かけい》図**をかくとわかりやすくなります。

②時間　その物語は、いつ起きた出来事を描《えが》いていますか？　**時代**はい

参考

物語と小説

ここでいう「物語」は、文学ジャンルの一つである「小説」とほとんど重なりますが、「小説」は、近代（明治《めいじ》時代以降《いこう》）に入ってから成立した、作家という個人の創作物《そうさくぶつ》であり、民話や童話まで「小説」と呼《よ》べるかどうかは難《むずか》しいところです。小学生の読みものには民話や童話も多数ふくまれます

つでしょうか？　もし現代《げんだい》でなければ、時代状況《じょうきょう》が物語にとって大きな意味を持つかもしれません。例えば、戦争の最中か、平和な時代かによって、友情《ゆうじょう》や恋愛《れんあい》、家族関係のありかたは、大きく変わるかもしれませんね。また、**季節**がいつなのかが、物語の雰囲気《ふんいき》を形作っているかもしれませんし、**短期間の出来事なのか長期間の出来事なのか**も、物語の大切な要素《ようそ》と言えるでしょう。

③場所　日本**国内**ならどの地方、どの地域《ちいき》なのか、**国外**ならどの国なのか。**都会**なのか**地方**なのか。**山**なのか**海**なのか**平地**なのか、**森**なのか**砂**《さ》**漠**《ばく》なのか。あるいはそもそも、そこは**現実の世界**なのか**空想の世界**なのか。空想の世界ならそこはどんな世界なのか。また、場所がどんどん移《うつ》り変わっていく物語なら、**位置関係**はどうなっているのか。これらをはっきりさせておくと、想像《そうぞう》が膨《ふく》らみますし、物語についての理解も深まります。

○どんな出来事？（物語の要約）

物語には、必ずはじまりと終わりがあります。したがって、物語の内容《ないよう》

ので、ここでは「物語」としておきます。

をかんたんに要約するには、**「発端《ほったん》―展開《てんかい》―結末」**と、三段階《だんかい》でまとめればよいということになります。ただ多くの物語は、「展開」の後半に**「山《やま》場《ば》」**（クライマックス）をふくんでいます。この「山場」を独立《どくりつ》させるなら、物語の要約は、「起承転結《きしょうてんけつ》」と呼《よ》ばれる、**「発端―展開―山場―結末」**の四段階でまとめることができるでしょう。

では、「山場」とはなんでしょうか？　物語は、登場人物が経験する「特別な出来事」を描きます。「特別」というのは、具体的にはいろいろなパターンがありますが、多くの物語では、それまでの人間関係に変化が生じる出来事を描いています。仲の良かった誰《だれ》かと誰かが対立したり、誰かが誰かを裏切《うらぎ》ったり、誰かと誰かの力関係が逆転《ぎゃくてん》したり、誰かが嫌《きら》っていた人物が、意外に良い人物であることがわかり、友情が芽生《めば》えたり、あるいは、誰かが誰かに恋《こい》をしたり……。したがって、**「山場」**とは、主要な登場人物どうしが、対立から対決へと至《いた》ったり、あるいはついに和解に至ったり、**人間関係が大きく変化するポイント**であることが多いです。

○人物の気持ち

国語の試験で物語が出題される場合、もっとも問われるのは登場人物の気持ち（心情《しんじょう》）です。それを読み取る手がかりには、例えば以下のようなものがあります。

①心情描写《びょうしゃ》　だれそれは〜と思った、〜と感じた、〜と考えた、といったぐあいに、人物の気持ちを**直接的**に説明する表現を、心情描写と呼びます。人物を理解するための重要な情報となります。

②せりふ　登場人物の発言を、せりふと言います。物語の中では、多くの場合「」（かぎかっこ）でくくられます。人物の気持ちや関係を読み取る手がかりになります。「……」という沈黙《ちんもく》も、大切なせりふの一つです。マンガを読んでいる人なら、よくわかりますよね。

③表情・しぐさ・態度《たいど》・行動　言葉には出さない思いが、表情やしぐさや態度や行動から読み取れる場合があります。

④情景描写　例えば、しとしとと雨が降《ふ》る中にぽつんと一人の人物が立っている、と想像《そうぞう》するだけで、「さびしさ」や「悲しさ」を感じることができますよね。このように、人物の背景《はいけい》（心に響《ひび》く風景＝「情景」

参考

せりふの表現

物語の中のせりふは、わざと「」を外して表記されることもあるので、注意が必要です。

と呼ぶ）の描写が、その人物の心情を**間接的**に表現することがあります。

次の課題文は、「わたし」の視点《してん》による**一人称**《いちにんしょう》の小説です。「発端―展開―山場―結末」の四部構成《こうせい》で、意味段落分けと要約をしてみましょう。

確《かく》認《にん》問《もん》題《だい》

解答 285ページ

次の文章を読んで、あとの問いに答えましょう。

（小学校へ入学した私《わたし》は、小さいころよくいっしょに遊んだ、おない年のお竜《りゅう》ちゃんに再会《さいかい》した。）

[1] さて、私がお竜ちゃんと思いがけず再会して、それからほどもなかった、ある日の出来事にもどろう。——しばしば、受け持ちの先生たちが相談して、男の組と女の組とをたがいに競い合わせるために男の組の半分を女の教室へやり、女の組の半分を男の教室に入りまじらせて、いっしょに授業《じゅぎょう》を受けさせることがあった。ある日、そういう目的で①女の組のものが入ってきたとき、②私はその中にお竜ちゃんのいるのをすぐ認《みと》めた。その上、順ぐりに席に着きながら、私のとなりに座《すわ》らせられたのは、そのお竜ちゃんだったのである。

[2] お竜ちゃんは、しかし、私を空気かなんぞのように見ながら、す

参考

男の組と女の組

作者・堀辰雄《ほりたつお》の幼少期（明治《めいじ》時代の末）には、小学校で男女が別々の組に分けられていました。

まして、[A]つんとしたような顔をして、私のとなりに座った。私は心臓《しんぞう》をどきどきさせながら、一人でどうしてよいかわからず、机《つくえ》のふたを開けたり閉めたりしていた。

[3] それは私のとくいな算術《さんじゅつ》の時間だった。どんなに③うわずったような気もちの中でも、私は与《あた》えられる問題はそばから簡単《かんたん》に解《と》いていた。そういう私とは反対に、お竜ちゃんには計算がちっともできないらしかった。そうして帳面の上に、小さな、いじけたような数字を、[B]自信なさそうに書き並《なら》べているのを、私はときどきちらっと横目で見ていた。[C]、お竜ちゃんは、大きな、ぶかっこうな数字が一面におどっているような④私の帳面の方は盗《ぬす》み見さえもしようとはしなかった。

[4] とつぜん、私は鉛筆《えんぴつ》のしんを折った。他の鉛筆もみんなしんが折れたり先がなくなっているので、私は小刀でその鉛筆をけずり出した。しかしいそげばいそぐほど、私はへたくそになって、それをけずり上げないうちに折ってしまった。

[5] お竜ちゃんは、そんな私をも見ているのだか見ていないのだかわ

参考

文中に出てくることば

うわずった＝興奮《こうふん》や緊張《きんちょう》で、落ち着きがなくなっているさま。

からないくらいにしていたが、そのとき彼女の千代紙《ちよがみ》を張《は》った鉛筆箱をあけるなり、誰《だれ》にも気づかれないようなすばしっこさで、その中の短い一本を私の方にそっと押しやった。

6 私も私で、だまってその鉛筆を受取った。その鉛筆は、よくまあこんなに短くなるまで、こんなに細くけずれたものだと思ったほど、短くしかもとがっていた。私は⑤それがいかにもお竜ちゃんらしい気がした。私はすこし顔を赤らめながら、そんな先のとがった短い鉛筆で、いまにもそれを折りはしないかと思って、こわごわ数字を並べているうちに、だんだん自分のかいている数字までがどこかお竜ちゃんの数字みたいに小さな、ふるえているような数字になりだしているのを認めた。

7 やっと授業が終わったとき、私は「ありがとう」ともいわずに、その鉛筆をそっとお竜ちゃんの方へ返しかけた。しかし、その鉛筆は私の置き方が悪かったので、すぐころころと私の方へころがって来てしまった。――そのときは、みんなはもう先生に礼をするために起立し出していた。私もその鉛筆をにぎったまま立ち上がった。

礼がすむと、女の生徒たちは急にがやがやさわぎ出しながら、教室から出て行った。お竜ちゃんは他の生徒たちの手前、最後まで私を知らない風に押《お》し通してしまった。そのため、⑥彼女の貸《か》してくれた使い古しの短い鉛筆は、そのまま私の手に残された。

（堀辰雄《ほりたつお》『幼年《ようねん》時代』より）

参考

堀辰雄（ほり・たつお）

一九〇四～一九五三　室《むろ》生《う》犀星《さいせい》、芥川《あくたがわ》竜之介《りゅうのすけ》に師《し》事。一九三〇年『聖《せい》家族』で注目される。フランス文学の影響《えいきょう》を受けた清新な作風で知られ、結核《けっかく》のため療養《りょうよう》生活をおくりながら、『美しい村』『風立ちぬ』などの作品を発表した。

問一 [A]～[C]の中に入れるのにふさわしいことばを、次の中から選びましょう。

ア しかし　**イ** いかにも　**ウ** むしろ

問二 ――線①「女の組のものが入ってきたとき」とありますが、男の組と女の組がいっしょに授業を受けることになったのはなぜですか。理由の書かれている部分を二十一字で書きぬきましょう。

問三　――線②で、「私」のどんな気持ちがわかりますか。次の中から二つ選びましょう。

ア　うれしさ　イ　なつかしさ　ウ　めいわく

エ　とまどい　オ　やすらぎ

問四　教室に入ってきて、「私」のとなりに座ったお竜ちゃんは、わざと「私」のことを気にしていないふりをしているようです。こうしたお竜ちゃんのようすを、たとえを使って言い表している十六字の部分を、文中から書きぬきましょう。

問五　――線③「うわずったような気もち」が「私」の行動に表れている一文をさがし、そのはじめと終わりの五字を書きぬきましょう。

問六　――線④のような様子とは反対のお竜ちゃんの行動が書かれた一文をさがし、そのはじめと終わりの五字を書きぬきましょう。

問七　——線⑤「それ」が指している内容《ないよう》を次のようにまとめてみました。次の□にあてはまることばを文中から書きぬきましょう。

お竜ちゃんがわたしてくれた□□□□□□□□□

問八　——線⑥で、お竜ちゃんが鉛筆を置いて行ってしまったのはなぜですか。最もふさわしいものを、次の中から一つ選びましょう。

ア　はじめから、私に鉛筆をあげるつもりだったから。

イ　授業が終わったので、さっさと女の子たちの教室にもどらねばならなかったから。

ウ　せっかく貸してあげた鉛筆を、私がお礼も言わず、だまって返そうとしたから。

エ　男の子と親しくしているところを、他の生徒たちに見られるのがはずかしかったから。

38 物語（2）

○視点《してん》による物語の分類

物語は、語り手が誰《だれ》かによって、視点が大きく変わります。

①**一人称《いちにんしょう》**　「わたし」や「ぼく」といった、登場人物のひとりが語り手をかねる形式を、一人称と呼《よ》びます。**物語は語り手の視点や心情《しんじょう》を中心に進んでいきます。**言いかえれば、語り手以外の人物の心情には、あまり踏《ふ》み込《こ》むことができません。あえて踏み込もうとすれば「私《わたし》は、彼女《かのじょ》が腹《はら》を立てたのではないかと思った」というように、語り手が想像《そうぞう》するという形で、間接《かんせつ》的に示《しめ》すしかありません（ただし、もっと本格《ほんかく》的に示したければ、その人物の日記や手紙を語り手に読ませたり、その人物が語り手に対して、長いセリフを語ったりするという方法があります）。

むしろ、直接的には示されていない、**語り手以外の人物の心情を、語り手と共にあれこれ想像する**ところに、一人称の物語の面白さがある、と言えるかもしれません。

先の確認《かくにん》問題であつかった堀辰雄《ほりたつお》『幼年《ようねん》時代』は一人称の物語でした。この物語は「私」の一人称ですから、「お竜ちゃん」の「私」に対する気持ちがはっきりとはわかりません。わからないからこそ、読者は「私」のもどかしい気持ちを追体験することができます。

②三人称　語り手＝作者であり、「彼《かれ》は〜した。」「彼女は〜と思った。」というふうに、すべての登場人物から独立《どくりつ》した視点（いわば神の視点ですね！）で、人物の言動や出来事の推移《すいい》を描写《びょうしゃ》し、すべての登場人物の心の中にまで自由に入っていける形式を、三人称と呼びます。人物と人物が行き違《ちが》ったり、ぶつかりあったり、仲良くなったり……という**人間関係とその変化**を、客観的に描《えが》けるのが三人称の利点です。なお、一人称でも三人称でも、会話・セリフ以外の語りの部分を「地《じ》の文」と呼びます。

小学生が教科書や参考書や試験で読む物語は、登場人物に子どもがふくまれるものが多いです。そのような物語の数々を、主要な登場人物にしたがって分類すると、以下のようになります。

○登場人物による物語の分類

①子どもどうしの関係を描いたもの　先の『幼年時代』もそうですが、主な登場人物が全員子どもで、その子どもの世界の人間関係が、物語をおりなします。子どもたちの友情《ゆうじょう》、結束、裏切《うらぎ》り、いさかい、いじめ、暴力《ぼうりょく》、あるいは恋愛《れんあい》感情の芽生《めば》え……。そのような、大人たちにはわからない、子どもだけの秘密《ひみつ》の出来事が描かれるのが、よく見られるパターンです。そして子どもが登場する物語はたいていの場合、主人公の子どもが、ほんの少し精神《せいしん》的に成長したところで終わります。

②子どもと家族の関係を描いたもの　子どもと父親との関係、母親との関係、祖父《そふ》や祖母《そぼ》との関係、兄弟姉妹との関係などが描かれます。特別な出来事を通して、それまではよく理解《りかい》できていなかった近親者の一面

を、その子どもが少しだけ理解できるようになる、そのことで自分も成長する、というのがよく見られるパターンです。

③子どもと大人の関係を描いたもの　子どもが、近親者とは異《こと》なる、謎《なぞ》めいた大人とだんだん親しくなり、その人物の意外な一面や、大人の社会の一端《いったん》をのぞき見る、そのことを通して自分も成長する、というのがよく見られるパターンです。この場合の大人は、学校の先生だったり、偶《ぐう》然《ぜん》出会った人物だったり、色々です。

④大人どうしの関係を描いたもの　主な登場人物が大人しかいない物語も、読むことがあるでしょう。大人の世界の物語は、子どもの世界と同じく、友情や恋愛、対立や和解によって展開《てんかい》していきますが、そこに利害関係がからんでくるのが、子どもの世界とは異なる点なので、注意が必要です。大人向けのマンガ、映《えい》画《が》、テレビドラマに親しんでいる人にとっては、そんなに難《むずか》しくはないでしょう。

○比喩表現《ひゆひょうげん》

文学的文章には比喩表現（たとえ）がよく登場します。

①直喩《ちょくゆ》「〜のような」「〜のように」「〜のごとく」といった言葉（「あたかも」や「まるで」といった副詞《ふくし》をともなうこともあります）で、比喩であることが示される表現。

（例）あいつは、まるで鬼《おに》のような人間だ。

②隠喩《いんゆ》「〜のような」「〜のように」「〜のごとく」といった言葉が用いられないため、比喩であることが示されない表現。

（例）あいつは鬼だ。

③擬人法《ぎじんほう》人間でない事物、生物、自然現象《げんしょう》などを、まるで人間であるかのように表現するもの。直喩の場合も隠喩の場合もある。

（例）まるで太陽がぼくらを見下ろしているかのようだ。

（例）太陽がぼくらを見下ろしている。

次の課題文は、**三人称**で、子どもと父親の関係を描く物語です。人間、動物、自然をつつみこむような視点で語られる三人称を、味わって下さい。「発端《ほったん》―展開―結末」の三部構成《こうせい》で、意味段落《だんらく》分けと要約をしましょう。

確《かく》認《にん》問《もん》題《だい》

解答288ページ

次の文章を読んで、あとの問いに答えましょう。

1 日曜になると、作造《さくぞう》は克彦《かつひこ》をつれて山へはいった。そんな日、ほとんど獲物《えもの》はなかった。イただ父親は山から谷へ谷から峰《みね》へと歩きに歩く。ところどころでたき火をして休むaのだけが、克彦にはたったひとつbの楽しみになった。無口な父は、ほとんど話をしない。けれども、そのあいだに注意ぶかくけものの通路をしらべ、ぬた場をしらべた。本格的《ほんかく》な冬の猟期《りょうき》の準備《じゅんび》だった。

2 克彦は自分ロのかかっていためんどうにぶつかればよいとだけ思っていた。が、そのうちに①山のふしぎないのちにとりつかれることになった。あたたかい日など、たき火のそばにころがっていると、（A）の音が聞こえた。（A）は山の話し声のように伝わってきた。うたっている声があるかと思うと、むこうのほうでなにかしらつぶやいている。いくつもの山やまが地ひびきたてて、ながれているこ

参考

文中に出てくることば

ぬた場＝いのししの遊び場となるどろ土のある場所。

めんどう＝克彦が子どものころ飼《か》っていて今は野生化した、いのししの名前。

ともあった。

3 父と子は一時間もぼんやりしていることがある。すると、おもいがけない近くからキジがケーンと鳴いて飛び立った。

4 もう正月も近い日、犬たちがシカを追いたてた。ふいをうたれて岩場のほうへにげようとする三つまた角にむかって、作造は走りながら、

「おーい。」

と、さけんだ。すると、おどろいたことにシカは立ちどまって、いぶかしそうにこっちをふりかえった。そこを射《う》った。七・八十メートルもあcるのに、雄《お》ジカはごろりと倒《たお》れて動かなかった。

「どういうわけかシカは呼《よ》べばふりかえるのや。そういう心dのきれいな獲物は、らくにとらんといかん。はずすことは失礼にあたる。」

5 鼻の頭を汗《あせ》で光らせながら、作造はおしえた。

「速いシカは散弾《さんだん》で足止め射ちをすることもある。百メートルくらいはなれていて、バラ玉は一メートルほどの輪にひろがる。そうしておいて近づいて射つ。だが、わしならシカに声をかけて射つわ

参考

文中に出てくることば

いぶかしそうに＝疑《うたが》わしい様子で。

い。らくに死なしてやるのがたったひとつの（B）じゃ。」

6 克彦はたいていだまって聞いていた。獲物を倒《たお》すとき、父はくるったようにつっ走る。からだまでが大きく見える。それなのに、②獲物を倒したあと、父は空気がぬけるようにしぼんでいくのがわかった。ぶつぶついいながら、たき火をかきたてたりするのを見るのは、つらかった。作造はシカの皮に肉をつつみこんで、大きな荷物をつくった。それをかついでふたりは山をおりた。そんなとき、③克彦の背中《せなか》で山はにわかに寒くなり、大声でわめきたてるように風が鳴っていた。

（川村たかし『凍《こお》った猟銃《りょうじゅう》』より）

参考

川村たかし（かわむら・たかし）

一九三一〜二〇一〇 児童文学作家。一九八九年『新十津川《とつかわ》物語』（全十巻《かん》）で日本児童文学者協会賞《しょう》、産経《さんけい》児童出版《しゅっぱん》文化賞大賞、一九九五年『天の太鼓《たいこ》』で日本児童文芸家協会賞受賞。

問一 ——線イ「ただ」が修飾《しゅうしょく》している部分を、次のア〜ウの中から選びましょう。

ア 父親は　**イ** 山から谷へ谷から峰へと　**ウ** 歩きに歩く

問二 ——線ロの「の」と同じ使い方をしているものを、文中の——線a

～dの中から選びましょう。

問三　――線①の説明として最もふさわしいものを、次のア～エの中から選びましょう。

ア　山にとりつかれて、なにやらおそろしい気持ちになった。
イ　山のふしぎさは人のいのちすらうばってしまうほど興味《きょうみ》深い。
ウ　山のふしぎさにすっかり心をひかれてしまった。
エ　深い山の不気味さに、聞こえないものが聞こえたり、見えないものが見えたりするようになった。

問四　（A）に漢字一字のことばを入れましょう。

問五　（B）の中にいれることばとして最もふさわしいものを、次のア～エの中から選びましょう。

ア　うでのみせどころ　　イ　よろこび
ウ　こころのこり　　エ　いたわり

問六　――線②について、この時の父の気持ちを説明するものとして最もふさわしいものを、次のア～エの中から選びましょう。

ア　仕事とはいえ、心のきれいな獲物を倒した心のいたみに、体中から力がぬけていく。

イ　くるったように獲物を追ってようやくしとめた安心感に、体中から緊張《きんちょう》がぬけていく。

ウ　獲物を倒したとたんに興奮《こうふん》がおさまり、急にぼうっとして、気が遠くなっていく。

エ　獲物を追っているときの父のからだがあまりに大きく見えるので、獲物を倒したあとのすがたは、それとくらべて、まるでしぼんでいるようだ。

問七　――線③について、次の（1）～（4）にいれるのにふさわしいことばを次のア～カの中から選びましょう。

この風景は（**1**）で、シカを倒したうしろめたさから、まるでいつもは（**2**）山が自分の背中で非難《ひなん》しているようだ。心の中を（**3**）風が通りぬけていくようで、父の（4）気持ちが克彦にはよくわかるのだ。

ア　やりきれない

イ　親しい

ウ　おそろしい

エ　実際《じっさい》の風景

オ　克彦の心の中の風景

カ　冷たい

39 詩

詩とは、**心で感じたことを、リズムのある言葉の形式で表現《ひょうげん》した、文学的文章**です。例えば日本の伝統《でんとう》的な詩形式である短歌や俳句《はいく》の場合、五七五七七や五七五といったように、五音と七音の組み合わせによって、声に出したときに浮《う》かび上がる音楽的なリズム感を作ります。現代《げんだい》では、そのようなルールに従《したが》わない「自由詩」も作られています。

○言葉による分類

●文語詩《ぶんごし》 古典的な書き言葉（文語）で書かれた詩

●口語詩《こうごし》 現代的な書き言葉（口語）で書かれた詩

○形式による分類

●定型詩《ていけい》　言葉のリズムの作り方に関して、ルールが決まっている詩。さきほど例にあげた短歌や俳句、また、漢詩の五言絶句《ごごんぜっく》（漢字五文字×四行）や七言絶句《しちごん》（七文字×四行）、五言律詩《りっし》（五文字×八行）や七言律詩（七文字×八行）など、世界中に様々な例があります。

●自由詩　定型詩のような、音数や行数を決めたルールにしたがわず、自由な形式で書かれる詩。ただし、改行を重ねて短い言葉を連ねることで、独自《どくじ》のリズム感を意識《いしき》して作るものが多いです。もっとも自由詩の中には、リズム感にすらとらわれず、普通《ふつう》の文章と同じように、改行せず文章を連ねていく詩もあり、これを**「散文詩《さんぶん》」**と呼《よ》びます。

○内容《ないよう》による分類

●叙情詩《じょじょう》　作者の感動を直接的に表現した詩。現代において書かれる詩の多くは叙情詩に分類されます。

●叙景詩《じょけい》　風景の美しさを表現した詩。

●叙事詩《じょじ》　歴史《れきし》的な事件や英雄《えいゆう》の功績《こうせき》を表現した詩。現代では書かれることが少なくなりました。

参考
叙事詩
古代ギリシアの詩人ホメロスの『イリアス』と『オデュッセイア』が代表的です。

○口語自由詩の例

現代において書かれている詩の中では、もっとも多く見られるスタイルがこのようなものです。

夏の海　　川崎洋《かわさきひろし》

夏の海は
きみと話したがっている
きみと遊びたがっている
ことばではなく
ざぶざぶりんという声で
たくさんの波の形と光で
青いしまもようで
夜になったら
砂浜にねころんで

参考

川崎洋（かわさき・ひろし）

一九三〇～二〇〇四　詩人・放送作家。詩やラジオドラマの執筆《しっぴつ》のほか、方言《ほうげん》の収集《しゅうしゅう》でも知られた。詩集『ビスケットの空カン』で高見順賞《たかみじゅんしょう》、『日本方言詩集』『かがやく日本語の悪態《あくたい》』ほかで藤村《とうそん》記念歴程《れきてい》賞受賞。

星空を見上げてごらん
星々が
またたきながら
いろんなサインを送ってくる
きみはそのサインを
好きなように受け取ればいいのだ

それから
あの星とこっちの星とむこうの星と
勝手に結んで
きみだけの星座をつくるといい

○散文詩の例

この詩は口語自由詩に分類しますが、その中でも散文詩という特異《とくい》な形式で書かれています。

とかげ　　ルナール（訳《やく》・岸田国士《きしだくにお》）

私《わたし》がもたれている石垣《いしがき》の割《わ》れ目からひとりでに生まれてきた子供《こども》のように、彼《かれ》は私の肩《かた》にはい上がって来る。私が石垣の続きだと思っているらしい。なるほど、私はじっとしている。それに、石と同じ色の外套《がいとう》を着ているからである。それにしても、ちょっと私は得意《とくい》である。

塀《へい》――「なんだろう、背中《せなか》がぞくぞくするのは……」

とかげ――「俺《おれ》だい」

参考

ジュール・ルナール

一八六四〜一九一〇　フランスの小説家・劇作家《げきさっか》。一八九四年に小説『にんじん』、一八九六年に短文形式の『博物誌《はくぶつし》』を発表し、名声を確立《かくりつ》した（『とかげ』も、『博物誌』に収録《しゅうろく》）。一九〇〇年に『にんじん』を戯曲化《ぎきょくか》し大成功をおさめ、日本にも影響《えいきょう》を与《あた》えた。

文中に出てくることば

外套＝（上着の）コートのこと。

○文語定型詩の例

この場合は、五音・七音が繰《く》り返されています。音数を意識《いしき》して、音読してみて下さい。またこの詩は、大中寅二《おおなかとらじ》作曲による歌にもなりました。有名な歌ですから、ぜひ聴《き》いてみて下さい。

椰子《やし》の実　島崎藤村《しまざきとうそん》

名も知らぬ遠き島より
流れ寄《よ》る椰子の実一つ
故郷《ふるさと》の岸を離《はな》れて
汝《なれ》はそも波に幾月《いくつき》
旧《もと》の樹《き》は生《お》いや茂《しげ》れる
枝《えだ》はなお影《かげ》をやなせる

参考

島崎藤村（しまざき・とうそん）一八七二〜一九四三　小説家・詩人。北村透谷《きたむらとうこく》らの『文学界』創刊に参加。詩集『若菜集』で浪漫《ろうまん》主義詩人として出発する一方、小説『破戒《はかい》』で自然主義文学のさきがけとなった。続いて自伝的作品『春』『家』『新生』などを発表、晩年には大作『夜明け前』を完成。

文中に出てくることば

汝＝おまえ。

われもまた渚《なぎさ》を枕《まくら》
孤身《ひとりみ》の浮寝《うきね》の旅ぞ
実をとりて胸《むね》にあつれば
新《あらた》なり流離《りゅうり》の憂《うれい》
海の日の沈《しず》むを見れば
激《たぎ》り落つ異郷《いきょう》の涙《なみだ》
思いやる八重《やえ》の汐々《しおじお》
いずれの日にか国に帰らん

「椰子の実」現代語訳

名前も知らない遠い島から、流れてやってきた椰子の実が一つ。

ふるさとの岸辺を離れて、おまえはいったい、どれだけの歳月《さいげつ》を波にゆられてきたんだい？

もともとおまえが実っていた木は、まだ生い茂っているのかい？　枝は今も、影を落としているのかい？

私もおまえと同じで、波打ちぎわを枕にして、ただひとり、ゆらゆらとただよう旅をしている。

椰子の実をとって胸にあてれば、さすらいの悲しみが、今あらためてしみじみと、わきおこってくる。

海に日が沈むのを見ていると、見知らぬ土地に身を置きながら、ふるさとを思うなつかしさに、とめどなく涙が流れる。

この椰子の実が流れてきた、遠い遠い潮《しお》の流れを想像すると、自分の人生の長い長い道のりが、重なるようだ。いつの日か、ふるさとに帰ろう。

確《かく》認《にん》問《もん》題《だい》

解答292ページ

次の詩と解説文を読み、あとの問いに答えましょう。

新年の食卓《しょくたく》　石垣《いしがき》りん

元旦《がんたん》に
家族そろって顔を合わせ
①おめでとう、と挨拶《あいさつ》したら。　（第一連）

そこであなたは
どこからおいでになりましたか、と
尋《たず》ねあうのも良いことです。　（第二連）

ほんとうのことはだれも知らない
不思議なえにし

参考

石垣りん（いしがき・りん）
一九二〇～二〇〇四　詩人。高等小学校卒業後、日本興業《こうぎょう》銀行に勤務《きんむ》するかたわらで、詩作を続けた。『表札など』でH氏賞《しょう》、『石垣りん詩集』で田《た》村《むら》俊《とし》子《こ》賞、『略歴《りゃくれき》』で地球賞受賞。

文中に出てくることば

えにし＝縁《えん》。つながり。

たとえ親と子の間柄《あいだがら》でも
いのちの来歴《らいれき》は語りきれない。　（第三連）

そして取り囲《かこ》む新年の食卓
これは島
②手にした二本の箸《はし》の幅《はば》ほどに
暮《く》らしの道はのびるだろう
きょうから明日へと細く続くだろう。　（第四連）

このちいさな島に鉄道はない
飛行機も飛ばない
人間が〝食べる〟という歩調は
昔から変わらない。　（第五連）

わずかな平らなテーブルの上に
ことしの花を咲《さ》かせるために

参考
文中に出てくることば
来歴＝これまでたどってきたことがら。

喜《よろこ》びの羽音を聞くために
杯《さかずき》を上げよう。　　（第六連）

では向き合って
もう一度おめでとう！③　　（第七連）

互《たが》いの背後《はいご》には
新しい波がひたひたと寄《よ》せて来ている。　　（第八連）

〔解説文《かいせつぶん》〕

詩を読み始めて、とたんに意表を突《つ》かれます。家族は言ってみれば地球上で一番親しい知り合った仲です。それなのに、（　Ａ　）、というのですから。なるほど、あらためて考えてみると、お互いの来歴の、連だこのようにつらなる祖先《そせん》のいのちの、遥《はる》かな果ては見えません。わたしたちの直《ちょく》接《せつ》の祖先のうちで、歴史的《れきし》にさかのぼることのできる最古の人々は、紀元《きげん》前《ぜん》一千年～三百年前後の古墳《こふん》時代の人たちですが、彼《かれ》らの祖先ははたしてずっと昔からこの日本列島に住んでいたかどうか。ご存知《ぞんじ》のようにその前は弥生《やよい》時代、その前が縄文《じょうもん》時代です。

そう考えると、④家族というものがどんなに遠く遙かな縁《えん》やゆかりによってめぐり合ったか、とうていたどることのできない神秘《しんぴ》をかかえている、そのことに⑤気持ちが深く揺《ゆ》れるのを覚えます。

（　B　）を作者は島にたとえました。日本列島とイメージが重なります。このテーブルの島にはその昔の日本列島のように鉄道も飛行機もない。その後交通は発達しましたが、人間が物を食べる速度は変わっていないのです。そして詩はお互いの命への祝福へと続きます。

新年の食卓の上に、家族であるお互いの幸せを招来《しょうらい》させるために、生きていくことの喜びの声を聞くために、乾杯《かんぱい》しよう。

再《ふた》び、「新年おめでとう!」と、お互いの命に祝福を交わし合おう。家族のそれぞれの背後には新しい時代の波が、有無《うむ》を言わさず寄せて来ています。その波をざぶりと浴びて、それぞれの命が飲み込《こ》まれることなく、いきいきと抜《ぬ》き手を切って泳いでいこう――そんな決意に奮《ふる》い立つ新年の食卓です。

（川崎《かわさき》洋《ひろし》『こころに詩をどうぞ』より）

参考

文中に出てくることば

招来＝まねくこと。

問一　この詩について、次の各問いに答えましょう。

(1)　この詩の種類について、あてはまるものを次の中から三つ選びましょう。

ア　口語詩　**イ**　文語詩　**ウ**　定型詩《ていけい》

エ　自由詩　**オ**　叙情詩《じょじょう》　**カ**　叙景詩《じょけい》

(2)　第四連で用いられている表現のくふうについて、あてはまるものを次の中からすべて選びましょう。

ア　比喩《ひゆ》法　**イ**　倒置《とうち》法

ウ　体言《たいげん》止め　**エ**　擬人《ぎじん》法

問二　詩の中の――線①～③について、次の各問いに答えましょう。

(1)　――線①の「おめでとう」と③の「おめでとう」が意味しているもののはちがいます。それぞれ次の中からあてはまるものを選びましょう。

ア　また一つ苦労を重ねることへのいたわり

イ　新しい年をむかえたときのあいさつ

ウ　お互いに生きていることへの喜びのことば

エ　まだ見えない新しい時代への不安のさけび

(2)　――線②「手にした二本の箸の幅」とありますが、これはどういうことをいっているのですか。同じ内容《ないよう》を表す部分を解説文の中から十字以内でぬき出しましょう。

問三　（　　）A・Bにあてはまる詩の中のことばをそれぞれぬき出しましょう。Aは十四字、Bは九字のことばです。

問四　解説文中の――線④・⑤について、次の各問いに答えましょう。

(1)　――線④「家族というものがどんなに遠く遙かな縁やゆかりによってめぐり合ったか」とありますが、同じ内容になる十字以内のことばを、詩の中からぬき出しましょう。

(2) ――線⑤「気持ちが深く揺れるのを覚えます」とありますが、その理由として最もふさわしいものを、次の中から一つ選びましょう。

ア　家族の祖先があまりにわかりにくく、たどることができないので不《ふ》快《かい》だから。

イ　家族のつながりは何よりも尊《とうと》いことがわかったから。

ウ　神秘《しんぴ》的に見えるようなつながりが納得《なっとく》できないから。

エ　家族のめぐりあいの神秘性に感動するから。

問五　第八連の終わりに続けることばがあるとすれば、解説文のどのことばを続けるとよいですか。一文でさがし、初めの五字をぬき出しましょう。

40 戯曲《ぎきょく》

演劇《えんげき》をつくるために、俳優《はいゆう》のセリフや、様々な指示《しじ》が書かれたものを、戯曲《ぎきょく》と呼びます。脚本《きゃくほん》・台本と意味は変わりませんが、実際《じっさい》の上演のために使用するものを脚本・台本、必ずしも上演を目的とせず、広く読まれるためのものを戯曲、と区別することが多いです。

○戯曲の要素《ようそ》

●前書き 物語・小説と異《こと》なり、人物・時間・場所についての情報《じょうほう》が、前書きで示《しめ》されます。登場人物の名前や設定、時代や季節や時間帯、場所の特徴《とくちょう》などが書かれています。また、複数《ふくすう》の場面によって成り立つ劇の場合は、各場面が「いつ・どこ」のお話なのかを、各場面の冒頭《ぼうとう》で明記します。

●**せりふ**　登場人物の会話や独白《どくはく》（ひとりごと）、ナレーションなどが、役名に続けて書かれます。

●**ト書き**　登場人物の行動やしぐさや表情、視覚効果《しかくこうか》や音楽、効果音、スタッフへの指示など、せりふ以外に必要な指示が書かれます。

○**戯曲の構成《こうせい》**

●**幕《まく》**　複数の場面からなる、物語の大きな単位を「幕」と呼び、第一幕、第二幕と数えます。緞帳《どんちょう》が上がって始まり下りて終わる、というように、幕の開閉《かいへい》を伴《ともな》うのでこのような呼《よ》び名となっています。例えば、第二幕が第一幕の十年後を描《えが》くとすると、舞台装置《ぶたいそうち》を大きく変えねばなりませんから、幕を下ろして転換《てんかん》作業をおこないます。観客にとっては休憩《きゅうけい》時間で、この時間を「幕間《まくあい》」と呼びます。ちなみに日本の近代の戯曲は、長編《ちょうへん》の場合、四幕構成で書かれることが多いです。

●**場《ば》**　「幕」の中で場面が細かく分かれる場合、各場面を「場」と呼び、第一幕第一場、第一幕第二場……と数えます。

参考

ト書き

もともと「ト太郎《たろう》が入ってくる。」というふうに、「すると」を意味する「ト」を頭につけていたことから、「ト書き」と呼ばれるようになりました。江戸時代の歌舞伎《かぶき》の台本（台帳といいます）に由来しています。

確《かく》認《にん》問《もん》題《だい》

解答294ページ

「鶴《つる》の恩返《おんがえ》し」を題材とした戯曲《ぎきょく》である、木下順二《きのしたじゅんじ》『夕鶴《ゆうづる》』の一節を読んで、あとの問いに答えましょう。

1子供《こども》たち、うたいつつ回り続ける。
あたりが急に暗くなって、つうのすがたのみ光の輪の中に残る。

2つう　与《よ》ひょう、あたしの大事な与ひょう、あんたはどうしたの？　あんたはだんだんに変わっていく。何だかわからないけれど、あたしとは別な世界の人になっていってしまう。あの、あたしには言葉もわからない人たち、いつかあたしを矢で射《い》たような、あのおそろしい人たちとおんなじになっていってしまう。どうしたの？　あんたは。どうすればいいの？　あたしは。あたしは一体どうすればいいの？

あんたはあたしの命を助けてくれた。何のむくいものぞまない

参考

木下順二（きのした・じゅんじ）

一九一四～二〇〇六　劇《げき》作家《さっか》。第二次大戦後、明《めい》治維新《じいしん》を描《えが》いた『風浪《ふうろう》』を発表し、岸田《きしだ》演劇賞《しょう》を受賞。また『彦市《ひこいち》ばなし』、『夕鶴』などの民話劇や、『山脈《やまなみ》』、『暗い火花』、『蛙《かえる》昇天《しょうてん》』などの重厚《じゅうこう》な現《げん》代《だい》劇を手がける。女優《じょゆう》・山本安英《やまもとやすえ》とともに劇団「ぶどうの会」を指導《しどう》し、レパートリーである『夕鶴』の上演は千回を超《こ》えた。

で、ただあたしをかわいそうに思って矢をぬいてくれた。それがほんとにうれしかったから、あたしはあんたのところにきたのよ。そしてあの布《ぬの》を織《お》ってあげたら、あんたは子供のように喜《よろこ》んでくれた。3だからあたしは、苦しいのをがまんして何枚《まい》も何枚も織ってあげたのよ。それをあんたは、そのたびに「おかね」っていうものと取りかえてきたのね。それでもいいの、あたしは。あんたが「おかね」が好きなのなら。だから、その好きな「おかね」がもうたくさんあるのだから、あとはあんたと二人きりで、この小さなうちの中で、静かに楽しくくらしたいのよ。4あんたはほかの人とはちがう人。あたしの世界の人。だからこの広い野原のまん中で、そっと二人だけの世界を作って、畑を耕《たがや》したり子供たちと遊んだりしながら、いつまでも生きていくつもりだったのに……だのに何だか、5あんたはあたしからはなれていく。だんだん遠くなっていく。どうしたらいいの？　ほんとにあたしはどうしたらいいの？

うたはいつかやんでいる。

明るくなる。子供たちはすでにいない。

つう、ふとわきを見て、追われるように家の中へ。

惣《そう》どと運《うん》ずと与ひょうが出てくる。

惣ど　な、わかったな？　どうでも織らんちゅうたら、出て行ってしまうぞちゅうておどかしてやるだぞ。

与ひょう　えへへ。あの布、美しい布だろうが？　つうが織ったんだで。

惣ど　だでよ、[6]美しい布だけに、今度は前の二枚分も三枚分もの金で売ってやるだ。わかったな？　前の二枚分も三枚分もの金で売ってやるだぞ。そう言うてにょうぼうに話してみろ。

与ひょう　うん。前の二枚分、三枚分もの金で売ってやるだな？

惣ど　そうよ何百両だ。

与ひょう　な、何百両だな？

惣ど　そうよ。だで、すぐと織らせるだ。のう運ず。

運ず　そ、そうだ。今晩《こんばん》すぐ織らせるだ。
与ひょう　うふん。んでも、つうはもう織らんちゅうたで。
惣ど　ばかが。高いこと売ってうんともうけりゃ、にょうぼうも喜ぶにきまっとるが。
運ず　そ、そうだ。にょうぼうも喜ぶにきまっとるだ。
与ひょう　うん…

問一　――線1「子供たち、うたいつつ回り続ける」とありますが、このように、戯曲の中で、登場人物の動作などを説明した部分のことをなんといいますか。三字で答えましょう。

問二　――線2「つう」のせりふについて説明したものとして、最も ふさわしいものを次から選びましょう。

ア　目の前の与ひょうに向かってうったえかけている。
イ　与ひょうはいないが、与ひょうによびかけるように話している。
ウ　はじめは目の前の与ひょうと話しているが、いつのまにか与ひょうはいなくなっている。

エ　つうの独《ひと》り言《ごと》だが、ものかげにいる与ひょうにも聞こえている。

問三　——線3「だからあたしは、苦しいのをがまんして何枚も何枚も織ってあげたのよ」とありますが、つうはどんな気持ちで布を織ったのでしょうか。最もふさわしいものを次から選びましょう。

ア　与ひょうが布を好きな「おかね」にかえて喜ぶすがたを見たい。

イ　子供のように喜ぶだけだった与ひょうが、布のねうちを見分けられるようになってうれしい。

ウ　与ひょうが、織りあがった布を手にして子供のように喜んでくれるのがうれしい。

エ　矢をぬいてもらったおん返しに、苦しいのもがまんして織ってきたが、おん返しもそろそろ終わりそうなのでうれしい。

問四　——線4「あんたはほかの人とはちがう人。あたしの世界の人」とありますが、これについてあとの問いに答えましょう。

(1) 与ひょうのことを「あたしの世界の人」と言っていますが、「あたしの世界の人」とはどんな人のことですか。あてはまるものを次から二つ選びましょう。

ア お礼やおん返しを求めることなく、他のものにやさしくできる人。
イ 働くのがきらいで、毎日を遊んでくらす人。
ウ 「おかね」を手にいれるために、いっしょうけんめい働く人。
エ 子供のようにじゅんすいな心をもった人。
オ 美しい布のねうちを見分ける目をもった人。

(2) 与ひょうだけは「ほかの人」とはちがうと言っていますが、「ほかの人」とはどんな人のことだと思いますか。あてはまらないものを次から一つ選びましょう。

ア つうを矢で射た人。
イ 「おかね」を手に入れるために他人を利用しようとする人。
ウ 「おかね」のために、つうから大切なものをうばおうとする人。
エ 人が好《よ》く、他人に利用されたりだまされたりしやすい人。

問五　——線5「あんたはあたしからはなれていく」とありますが、これは与ひょうがどうなっていくということですか。最もふさわしいものを次から選びましょう。

ア　つうのことをきらいになっていく。

イ　布を織ってあげても喜ばなくなる。

ウ　「おかね」に目がくらんでいく。

エ　「おかね」にきょうみがなくなっていく。

問六　——線6「美しい布だけに、今度は前の二枚分も三枚分もの金で売ってやるだ」とありますが、ここからわかる惣どの態度《たいど》の説明として最もふさわしいものを、次から選びましょう。

ア　布の本当の美しさときちょうさをよくわかっている。

イ　布がどれだけの「おかね」にかえられるかを第一に考えている。

ウ　与ひょうをおだてるために心にもないことを言っている。

エ　いちばんきれいに織れた布は売らずに自分がとっておこうと考えている。

問七　――線7「うん…」とありますが、このときの与ひょうの気持ちの説明として最もふさわしいものを、次から選びましょう。

ア　惣どと運ずの言うことにすっかりなっとくしている。

イ　自分は「おかね」がほしいが、つうは喜ぶだろうかとぎもんに思っている。

ウ　惣どや運ずにもうけを横どりされることをけいかいしている。

エ　おどされて、しかたなく惣どと運ずの言うことをきいている。

問八　次のせりふはだれのものですか。「惣ど」のものであればAと答え、「運ず」のものであればBと答えましょう。

1.　おらどうものかげで見とって、何やらあのにょうぼう、気の毒《どく》でなんねえだが――

2.　何言うとるだ。大金もうけするちゅう時に、気の毒も何もあったもんだが。

第1章 国語の基礎

① かなづかい　7ページ

1 1. じ　2. づ　3. ぢ　4. ず
5. お　6. い　7. う　8. お

2 ウ いもうと　エ とおる

② おくりがな　11ページ

1 1. 新しい　2. 静か　3. 泳がせる　4. 少しも

2 1. ア た　イ え　2. ア ね　イ い　3. ア ま　イ え
4. ア れ　イ し　5. ア か　イ ら

③ 主語・述語　14ページ

1 1. 花が／咲いている　2. 校庭は／せまい
3. コートは／高いよ　4. 人間が／住んでいる
5. ×／できません　6. 花は／シロツメクサです

7．顔が／うつった　8．空は／美しかった

2 1．友人たちは／卒業した　2．なわとびは／上達しました

3．×／ねた　4．池が／ありました　5．峰が／かがやく

3 アカシアが／吹かれて

アカシアが／落とす

自分は／見た

自分は／聞いた

④修飾語

18ページ

1 1．実が　2．失敗は　3．散った

4．太陽が　5．咲いた　6．調べる

7．苦しくても　8．増した　9．男の子が

2 1．ア　2．ウ　3．イ

3 1．人は　2．へたくそだから

4 主語＝母は　「たぶん」がかかっていることば＝喜ぶだろう

⑤ 文型

22ページ

1

1. ウ　2. ア　3. ウ　4. ア　5. イ
6. ア　7. ア　8. イ　9. イ　10. イ
11. ア　12. イ　13. ウ　14. ウ　15. ウ

⑥ 品詞の基礎

26ページ

1

1. エ　2. ウ　3. エ

2

1. 形容詞・名詞・動詞　2. 名詞・形容詞・形容詞・形容詞　3. 名詞・名詞
4. 動詞・動詞・形容詞　5. 形容詞・形容詞・名詞・名詞・動詞

3

ア 名詞　イ 形容動詞　ウ 名詞　エ 形容詞　オ 動詞
カ 名詞　キ 名詞　ク 副詞　ケ 形容詞　コ 副詞
サ 動詞　シ 名詞　ス 形容詞　セ 名詞　ソ 動詞
タ 動詞　チ 副詞　ツ 形容動詞　テ 形容詞

⑦ 接続語・独立語・指示語

32ページ

1

1. それに　2. しかし　3. だから　4. すると　5. なぜなら

2 1. 山田君（呼びかけ）　2. 海（提示）　3. はじめまして（あいさつ）
4. うん（応答）　5. おお（感動）

3 1. （晴れた夜、北の空に見える）ひしゃくの形をした七つの星
2. 昼と夜の長さがほぼ等しくなる日

⑧ 敬語法 37ページ

1 ①イ　②ウ　③オ　④ク　⑤ア　⑥キ　⑦エ　⑧カ

2 ①オ　②イ　③ア　④エ　⑤ウ　⑥カ

3 ア 4　イ 2　ウ 3

4 1. される・なさる
2. いただきました・ちょうだいしました
3. 申しておりました

5 1. おっしゃる（「言われる」も可）　2. うかがって（「お聞きして」も可）
3. ありません（「ないです」「ございません」も可）

6 おりますか　→　いらっしゃいますか・御在宅ですか
お帰りになりましたら　→　帰りましたら

⑨ ことわざ 42ページ

1 ①ケ ②カ ③エ ④ウ ⑤オ ⑥キ ⑦コ ⑧イ ⑨ア ⑩ク

2 ①コ ②キ ③カ ④イ ⑤ク ⑥ケ ⑦ウ ⑧エ ⑨オ ⑩ア

3 ①ア ②ウ ③イ

⑩ 慣用句 46ページ

1 ①イ ②オ ③キ ④ウ ⑤ケ

2 ①ウ ②カ ③イ ④ケ ⑤ア ⑥コ ⑦エ ⑧オ ⑨ク ⑩キ

3 1. ウ 2. ウ 3. ウ 4. ウ

⑪ あいまい文 51ページ

1 ①私は汗をふきながら、がんばる親友の肩をたたいた。

②私は、汗をふきながらがんばる親友の肩をたたいた。

2 ア 不幸　イ 幸福　ウ 不幸　エ 幸福　オ 幸福

⑫ 国語辞書の使い方

54ページ

1 ク・ア・キ・ウ・イ・ケ・エ・シ・オ・サ・カ・コ

2 1. そこなう　2. はかばかしい
3. 遠い　4. 疑う
5. おさめる　6. する
7. 来る　8. うばう
9. けたたましい　10. かじかむ

3 1. オウイアエ
2. エウオアイ
3. イウオアエ

⑬ 日本語の種類と歴史

59ページ

1 ア 和語　イ 漢語　ウ 外来語　エ 和製漢語

⑭ 漢字の音訓（1）

64ページ

1
1. ウ　2. ウ　3. エ
4. イ　5. ウ　6. ウ
7. ウ　8. イ　9. エ

2
1. シュ・たね　2. リン・わ　3. カン・みき
4. メン・わた　5. ガク・ひたい

3
①はんせい・しょうりゃく　②いんそつ・のうりつ　③れいがい・げか
④がっさく・つごう　⑤さしず・いと　⑥さいく・こうさく
⑦おんがく・らくてん　⑧しぜん・てんねん　⑨こんりゅう・きりつ
⑩しょもつ・のうさんぶつ　⑪ごご・こうはん　⑫げんき・けはい
⑬ざっそう・ぞうきばやし　⑭ぎょうれつ・こうしん　⑮しょうがつ・めいげつ

4
1. 温める／暖める
2. 建つ／立つ／断つ・絶つ
3. 治める／納める／修める
4. 複／復

⑮ 漢字の音訓（2）

69ページ

1 ①カオク ②やね ③よみち ④ヤカン ⑤キャクま
⑥ヤクば ⑦センロ ⑧たびじ ⑨にモツ ⑩ショクブツ
⑪ものがたり ⑫シュッカ ⑬エホン ⑭カイガ ⑮ケイカク
⑯エキまえ ⑰ニクショク ⑱はたじるし ⑲せきショ ⑳オウさま
㉑あいズ ㉒リクチ ㉓バンぐみ ㉔のはら ㉕やどや
㉖さしズ ㉗シンめ ㉘バクガ ㉙けしイン ㉚リョウがわ

2 ア ③ イ ② ウ ① エ ④ オ ③ カ ① キ ① ク ②

⑯ 漢字の音訓（3）

75ページ

1 ①ことし ②えがお ③いなか ④たなばた ⑤うなばら
⑥あま ⑦ひより ⑧くだもの ⑨みやげ ⑩たち
⑪しわす ⑫しょうじん ⑬こんりゅう ⑭そうさい ⑮しゅぎょう
⑯けいだい ⑰きせい ⑱うむ ⑲くおん ⑳けはい

2 ①オ ②イ ③オ ④ア ⑤エ

⑰ 二字熟語 79ページ

1 ①寒 ②楽 ③暗 ④貸 ⑤害 ⑥雨

2 解放・通行・絵画・勤務・歓喜

3 ①ア・カ ②オ・キ ③ウ・ク

⑱ 三字熟語・四字熟語 83ページ

1 ①オ ②エ ③ア ④ウ

2 ①イ ②ア ③ウ ④イ ⑤ウ

⑲ 同義語・反対語 88ページ

1 ①オ ②ウ ③カ ④ア ⑤エ ⑥イ

2 ①単 ②理 ③消 ④相 ⑤少 ⑥客 ⑦容 ⑧部 ⑨解 ⑩功 ⑪復 ⑫賛

3 ①エ 他国 ②ケ 静養 ③カ 永遠 ④イ 他界 ⑤ク 形勢 ⑥オ 平等 ⑦コ 情景 ⑧ウ 前進 ⑨ア 故国 ⑩キ 賛成

4 ①エ　損失　②ア　人工　③イ　形式　④オ　強健　⑤ウ　生産

⑳同音異義語　93ページ

1 1.②　2.①　3.②　4.③

2 1.ア　指名　イ　使命
2.ア　採決　イ　採血
3.ア　公表　イ　好評

㉑同訓異義語　99ページ

1 1.ア　2.イ　3.ア　4.ア　5.ア

2 1.ア　勤　イ　努
2.ア　望　イ　臨
3.ア　供　イ　備
4.ア　破　イ　敗

㉒ 漢字の部首 103ページ

1 ①しんにょう・しんにゅう ②かたな ③おおざと
④ぎょうにんべん ⑤くさかんむり ⑥はつがしら
⑦りっとう ⑧おいかんむり・おいがしら ⑨ひとあし

2 1. ケ 2. サ 3. キ 4. イ 5. オ

3 1. 艹・くさかんむり（英・荷・著・薬）
2. 刂・りっとう（刊・判・則・創）
3. 言・ごんべん（記・計・詞・課）
4. 囗・くにがまえ（因・団・囲・固）
5. 貝・かい（貨・貧・賀・賃）
6. 广・まだれ（店・府・庫・庭）

㉓ 漢和辞典の使い方 106ページ

1 ①くさかんむり・6画 ②こころ・5画
③がんだれ・7画 ④あくび・かける・けんづくり・11画
⑤たけかんむり・6画 ⑥こざとへん・7画

⑦まだれ・7画　⑧あめかんむり・3画
⑨ごんべん・3画　⑩ぎょうにんべん・5画
⑪おんなへん・4画　⑫いとへん・9画

2 1. ウ　2. ア　3. ウ　4. カ　5. カ
6. ウ　7. イ　8. オ　9. エ　10. オ

3 1. 調　2. 悲　3. 細　4. 明　5. 動　6. 頭

4 ①16画・かねへん　②9画・こざとへん　③9画・しかばね・かばね

㉔ 漢字の成り立ち

112ページ

1 1. オ　2. エ　3. イ　4. ア　5. ウ

2 1. 林＝ウ　鳥＝ア　2. 姉＝エ　校＝エ　3. 三＝イ

第3章　文法

㉕ 文章の単位　120ページ

1 1. ア　2. ウ　3. イ

2 1. 弟が　2. ある
3. ひびく　4. 昔の
5. 様子が　6. 高かった

3 1. エ・オ　2. ア　3. イ　4. カ

㉖ 文節と単語　125ページ

1 1. 危ない／め／に／あっ／たり／し／て、／みんな／は／やっと／村／へ／たどりつき／まし／た。

解説 「たどりつく」は、「たどる」と「つく」という二つの動詞が結合した「複合《ふくごう》動詞」であり、一つの動詞と考えます。「思い出す」「長引く」「のみこむ」なども、同じく「複合動詞」です。

2. 空気／は／なんとなく／春らしく／なり／まし／た。

解説 「春らしい」は形容詞です。この「らしい」は、独立《どくりつ》した品詞＝助動詞ではなく、形容詞の一部である接尾語《せつび》と考えます。

3. ふと／見る／と、／道ばた／の／日だまり／に／小さい／すみれ／の／花／が／咲きかけ／て／いる。

4. この／おじいさん／は、／もう／ずいぶん／年／を／とっ／て／い／まし／た。

5. たまねぎ／を／おさえ／て／いる／右手／が、／だんだん／左／の／方／へ／より／ます。

6. 虫めがね／を／近づけ／て／よく／見る／と、／口／を／いそがし／そうに／動かし／て／い／ます。

解説 「そうに」は助動詞「そうだ」の活用です。

7. ひばり／の／食べ物／は、／草原／や／畑／に／いる／小さな／虫／です。

8. からだ／を／ゆっくり／のばし／たり／ちぢめ／たり／し／ながら、／かいこ／は／葉／を／食べ始め／た。

解説 「食べ始める」も、1の「たどりつく」と同様に、「食べる」と「始める」という二つの動詞が結合した「複合動詞」と考えます。たしかに、「食べネ／始めたヨ」と二文節に分けると不自然ですよね。ただし、複合動詞は数が多いので、この「食べ始める」のような意味のわかりやすいものは、辞書の見出し語にはなりません。

㉗ 品詞

129ページ

1

1. ○×○×○×○×○×

解説「近寄ってみる」の「みる」は、別の動詞に後続することで意味をそえる「補助《ほじょ》動詞」であり、一単語と考えます。「ここに書いてある」の「ある」、「パンを食べている」の「いる」、「来てくださる」の「くださる」なども「補助動詞」です。

2. ○○×○×○×××

解説「くらい」「ぐらい」は名詞ではなく助詞です。

3. ○×○×○×○××
4. ○○○×○×○○×
5. ○○○○×○
6. ○○××○○×○×○×
7. ○×○○×○×○×○×
8. ○×○○×○○×○×
9. ○×○×××○×○×○×○○×○○×
10. ○×○×○○×○

解説「語り合う」は「複合《ふくごう》動詞」であり、一単語です。

㉘ 体言・用言

134ページ

1
①普通名詞　②固有名詞　③数詞　④形式名詞　⑤普通名詞
⑥固有名詞　⑦代名詞　⑧普通名詞　⑨数詞　⑩形式名詞
⑪普通名詞　⑫数詞　⑬普通名詞　⑭普通名詞　⑮代名詞

2
柔らかだ・形容動詞　ほの白い・形容詞　続く・動詞
静かだ・形容動詞　激しい・形容詞　あわただしい・形容詞

㉙ 連体詞・副詞

140ページ

1
※（ ）の中のことばは、その連体詞に修飾されている名詞です。
この（世の中）　小さな（こと）　大きな（こと）　あらゆる（事件）

2
※（ ）の中のことばは、その副詞に修飾されている文節です。
1. ずいぶん（はっきりと）　はっきりと（見える）　はたして（続くのか）
全く（わからない）
2. もう（近いらしく）　少し（高い）　直に（押し寄せる）

㉚ 接続詞・感動詞 145ページ

1 1. イ（アの「が」は助詞） 2. ア（イの「また」は副詞）
3. イ（アの「だから」は助動詞「だ」＋助詞「から」）

2 1. イ（アの「ね」は助詞） 2. ア（イの「それ」は代名詞）

㉛ 助動詞 152ページ

1 1. ア 2. イ 3. イ 4. イ 5. ア

2 ア 打ち消しの助動詞 イ 打ち消しの助動詞 ウ 形容詞 エ 形容詞
オ 打ち消しの助動詞 カ 形容詞 キ 形容詞

3 1. ア（アは伝聞、イ・ウ・エは様態） 2. ア（アは様態、イ・ウ・エは伝聞）

㉜ 助詞 160ページ

1 1. ア 2. エ 3. ア 4. エ 5. イ 6. ウ

㉝ 説明的文章（1）

168ページ

○意味段落分け

【問い】人間はどうやって新しい世界を発見しつくり出すか　1

【根拠】南九州の離れ島で、冒険の自由によって、海を発見した若いサルたち　2～13

【答え】人間も、冒険の精神で古い世界を倒し、新しい世界を発見しつくり出す　14・15

○解答

問一　a　イ　解説　直前が「野ザルたちは島の林の中で暮らしていた」、直後が「海とはほとんど縁がなかった」なので、前者を理由、後者を結果と考えて、「だから」を選択《せんたく》します。

b　ウ　解説　直前が「海とはほとんど縁がなかった」、直後が「群れは毎日のように海岸へ降りてくることになった」なので、逆接《ぎゃくせつ》と考えて、「ところが」を選択します。

c　ア　解説　直前が「群れは毎日のように海岸へ降りてくることになった」、直後が「今では、サルたちは、海で泳ぐこともできるし……」とあるので、順接《じゅんせつ》と考えて、「そして」を選択します。

問二　新しい習慣　解説　Aの具体的な内容は、直後の「貝は新しい好物になったし、芋を波で洗うのもみんながやるようになった」でしょう。続けて「ボスザルだけが、どうしてもこの習慣になじめなかった」とありますから、海に入り、貝をとったり、芋を洗ったりすることが、「習慣」となったことがわかります。さらにその直後に「新しい習慣」とありますので、これを答えとします。

問三 **B** **②** **C** **①** **D** **①** 解説 10段落および12段落から、砂浜のミカンはボスザルが、海のミカンは若いサルが食べてしまうことは明らかです。

問四 **7** 解説 ぬき出された文章は、「サルの世界」が「自由ではない」と言っていますので、ボスザルが群れを支配している様子が、後に続くと良いでしょう。

問五 **しかし、人** 解説 課題文は「問い―根拠―答え」という段落構成になっています。この意味段落分けができていれば、答えが15段落に出てくることがわかるかと思います。

問六 **⑴南九州のある離れ島** 解説 直前の「この島」だと、これも指示語になってしまいますので、さらに直前にさかのぼります。

⑵古い世界の不合理な支配 解説 「それ」は直前の内容を指していますが、「それ」という代名詞の言いかえになるように、体言（この場合は「支配」という名詞）で言い切る形に整えます。

問七 **ア** 解説 課題文全体から、それまで無縁《むえん》だった海を、サルの世界につなげたのが、若いサルたちであったことは明らかだと思います。イ・ウは、それぞれ、その具体的な表れにすぎません。エは、「ボスザルの支配は今まで通りのきびしいものだが、かろうじて海での新しい習慣を手に入れたのは、若いサルたちだった」というこの文章の内容に対して、「ボスザルの支配をうちやぶった」では、過剰《かじょう》な表現になってしまっています。

問八 **(1)海という世界** 解説 直前に「その海が〜発見された」とあるので、「発見」されたものは「その海」ですが、「その」という指示語を答えにすることはできませんので、さらに直前にさかのぼり、「その海」が指示している「海という世界」を答えとします。

(2)若いサルたち（のもっている）冒険の自由（。） 解説 「この発見」をしたのが「若いサルたち」である、と傍線部《ぼうせんぶ》④をふくむ文に書かれています。ではその「若いサルたち」の何が、海を発見する原因になったのかを直後から探《さが》すと、8段落に「冒険の自由」が見つかります。

(3)海で泳ぐこと・貝をとって食べること・芋を海の水で洗うこと 解説 5段落から。

問九 **開拓者** 解説 直後に「若いサルたちは、次々と、開拓者のあとに続いた」とあります。

問十 **エ** 解説 直後の「あまりに古い世界の中にだけ生きてきた彼には、どうしても新しい習慣をとりいれることができなかった」を根拠として、同じ内容のエを選びます。アは「砂でゴシゴシやったって、別においしくなるとは思えない」とあるので不適《ふてき》。イ・ウは、本文に書かれていない内容なので不適。

問十一 2段落から13段落まで 解説 意味段落分けを参照。

㉞ 説明的文章（2） 179ページ

○意味段落分け

【問い】（日常生活の中にも、自然現象の研究につながる発見があるだろうか？）

【答え】茶わんの湯を見ているといろいろなことに気づく 1

【具体例1】湯気

・湯気の色 2

・湯気からわかる温度 3

・湯気がつくるうず 4・5

【具体例2】湯のもよう 6・7

○要約の例

【問い】（日常生活の中にも、自然現象の研究につながる発見があるだろうか？）

【答え】たった一ぱいの茶わんの湯を見ているだけでも、いろいろなことに気づく。

【根拠】湯の面から立つ湯気は、あつい水蒸気が冷えて、小さなしずくになって無数にむらがっているものだが、つぶの大きいものは目に見えて、色がついている。湯気の動きから、湯が熱いかぬるいかもわかる。湯気があがるときにはいろいろのうずができる。また、湯の冷え方がどこも同じではなく、むらができるために、茶わんの底に、ゆるやかに動くひかりのもようが見える。

○解答

問一　イ　解説「熱い湯ですと～どんどんさかんに立ちのぼります」とあり、「反対に」という接続語《せつぞくご》が続くので、「どんどんさかんに」の逆《ぎゃく》で「勢いが弱い」を選びます。

問二　ウ　解説 5段落の B は、直前に「白い湯気が立つ」、直後に「ときどき大きなうずができ……」とあります。7段落の B は、直前に「湯は表面からも冷えます」、直後に「ところどころ特別に冷たい、むらができます」とあります。いずれも、出来事を順序だてて説明していますので、前後関係を表す接続語の「そして」を入れます。

問三　ア　解説 直前に「ただ一ぱいのこの湯でも、自然の現象を観察し研究することのすきな人には」とあり、またこの「おもしろい」は直後の「見もの」を形容《けいよう》しています。したがって、ここでは学問的な探究心《たんきゅうしん》や好奇心《こうきしん》を表す「興味がある」を選びます。

問四　(例) 湯気の中についた、にじのような赤や青の色

(例) 白いうす雲が月にかかったときに見える色　解説 傍線部《ぼうせんぶ》をふくむ一文から、「これ」と、「白いうす雲が月にかかったときに見えるの」(この助詞「の」は、名詞の代用で、「もの」と言いかえられます）とが、「似たようなもの」であるとわかります。そこで「これ」によって指示されている語を確定《かくてい》します。ちなみに、月にうす雲がかかって、月のまわりがにじ色にかがやく現象を、「月光冠《げっこうかん》」と呼《よ》びます。

問五　（いろいろの）うず　解説　問いに「文中のことばで」とあるので、言葉を直すことができません。また、「何を指しますか」とありますので、「何」に対応させて、体言止めで答える必要があります。そこで、直前の「うず」を選びます。

問六　5　解説　庭に立つ湯気のことしか書いてありませんので、5段落を選びます。

問七　イ　解説　6段落は、光にあてると茶わんの底にもようが見える、という事実しか書いていません。7段落は、「そのためにさきにいったようなもようが見えるのです」とあるように、もようが見える原因（＝湯の中の温度差）について説明しています。したがって、イの「わけ」を選択《せんたく》します。

問八　6　（例）2〜5は茶わんの湯気をとりあげ、6・7は茶わんの底のもようをとりあげているから。　解説　意味段落分けを参照。

問九　エ　解説　全体のテーマが、1段落にある、「茶わんの湯を見ているといろいろの微細なことが目につく」ということですので、「茶わんの湯」がもっともふさわしいでしょう。

㉟ 随筆（1）

189ページ

○意味段落分け

【体験1】二十年前、バスで出会った少年　1～10

【体験2】最近顔なじみになった、犬を連れていた少年　11～17

○要約の例

体験1＝二十年前わたしは、こんでいたバスで、少年に週刊誌のまんがを読ませてやり、定期券を忘れたらしい少年にバス代をあげたら、少年はだまって赤えんぴつをくれた。

体験2＝つい最近、子犬を連れた少年と顔なじみになった。しばらくして再会した少年に、犬についてたずねたら、「べえーっ！」とさけんで舌を出して行ってしまった。犬はもう少年のところにはいないのであろう。

印象＝（まだ自分の気持ちをうまく表現できないが、幼《おさな》いなりに必死に生きている少年たちの様子が、子どものいない私《わたし》には、愛らしく見える。）

○解答

問一　**ウ**　解説　直前に「バスはこんでいた」とありますので、ウを選びます。

問二　**へしあい**　解説　「おしあいへしあい」で「おおぜいの人が入りまじって混雑すること」を

意味します。「へす」は「押す」と同様の意味です。

問三　かれは、ま～れたのだ。　解説　少年が「あ」と言ったのは、傍線の直前から、わたしが二つ折りにした週刊誌のページをめくろうとした瞬間《しゅんかん》であったことがわかります。少年は、週刊誌のむこう側（裏側《うらがわ》）にある、まんがを読んでいたのですね。

問四　ア　まんがを読み終わ　イ　ページをめくら　ウ　おしまいまで読み終え
エ　（例）ありがとう　解説　ア・イは傍線④の直後から。ウは傍線⑤の直前から。エは、わたしの親切によりまんがを読み終えることができた少年の気持ちを想像します。

問五　イ　解説　直前に「定期券を忘れたらしい。ポケットを探ってこまっている」とあります。そこで声をかけてくれた大人の女性に対して、ありがたく思いながらも、どう応《おう》じていいのかわからない、子どもらしさがよく表れているのが、この「おこったような顔」でしょうね。決して「めいわく」だから怒《おこ》っているわけではありません。

問六　ア　解説　直後に「おりぎわに～つき出した」とあることから、どうやって感謝《かんしゃ》の気持ちを示すべきか、少年が必死に考えていたことが想像できます。

問七　エ　解説　少年がだまって赤えんぴつをさし出した直後ですので、なにかお礼をしなければ、と考えをめぐらせた少年の気持ちを、わたしは思いやったのではないでしょうか。「けなげ」は漢字で「健気」と書き、「心がけがしっかりしているさま」を意味します。

問八　イ　解説　少年がくれた赤えんぴつは「当時としてはめずらしいもの」で、「少年の宝物だったにちがいない」とありますから、少年のわたしに対する心からの感謝がこめられた品であることは明らかで、わたしはその少年の思いを大切にしたかったのでしょう。アは、少年の気持ちに触《ふ》れていないので不適《ふてき》。ウは「かわいそうな」が不適。エは「機会があれば返してやろう」が本文からは読み取れません。

問九　わざとゆっくり歩いている　解説　直前に「まあかわいいと声をかけそうなわたしの気配を察してか」とありますので、それに続く「行動」を答えとします。

問十　はにかみ屋　解説　「小さな声」なので「恥《は》ずかしがり屋」なのだろうと想像できますから、直前にある「はにかみ屋」を答えとします。「はにかむ」は「恥ずかしがる」と同様の意味です。

問十一　道のはしを、ちょっとすねたかっこうで歩いている　解説　「犬のいない少年のさびしい気持ち」が問われていますが、16段落に「犬は～少年のところにはいないのであろう」とあるので、その直後の少年の様子を答えとします。

問十二　子どもを持　～　きである。　解説　もしもこの子が自分の子であれば、なにかなぐさめやはげましの言葉のひとつもかけてやれるのに、という気持ちが表れています。

問十三　エ　解説　バスで出会った少年と、犬を連れていた少年の共通点は、「まだおさなく、自分の気持ちをうまくことばで表現できない」ことであり、「わたし」は、そんな彼《かれ》らを温かく見守っています。

㊱ 随筆（2）

199ページ

○意味段落分け

【問い】（自分は力というものをどうあつかいたいか?）

【答え】力が苦手であるぼくにとって、不幸なときに仕方なしにふりしぼるのが力だ 1

【根拠1】つまずいたり迷ったりしたときになんとかするのが学力だ 2〜5

【根拠2】人生でもつまずいたり迷ったりしたときに必要なのが力だ 6・7

【答え】だからぼくにとっては、力は秘めたる力がなによりだ 8

○解答

問一 a 得意（得手） b 間接

問二 エ 解説 直前が「すんなり生きていたい」、直後が「人間は不幸になることもある」と、アベコベなので、逆接《ぎゃくせつ》の接続語である「それでも」を選びます。

問三 イ 解説 この助詞「の」は、名詞のかわりになる（「もの」や「こと」に言いかえられる）働きをしているので、同様に「仕事をすることは」と言いかえられるイを選びます。

問四　力を必要としない　［生き方］　解説　[6]～[8]段落からぬき出せと設問《せつもん》にありますが、[6]段落は大学入試の例、[8]段落は力についての結論ですから、「人生」に触《ふ》れている[7]段落から答えを探《さが》す、という方針《ほうしん》をまず立てましょう。その上で[7]段落を見ていくと「力があっても、その力を必要としないのが、よい人生である」とあるので、ここが「筆者は、どのような生き方をしたいといっているのですか」の答えであると判断《はんだん》します。

問五　秘めたる力　解説　意味段落分けから、[1]段落で提起《ていき》された「力」についての考えが、改めて結論として述《の》べられているのは[8]段落なので、そこから答えを探します。

問六　ア・ウ・オ　解説　[3]・[4]段落で、筆者が二つの「学力」観を対比《たいひ》していることに注意しましょう。筆者は、「なにかが『解ける力』」や「はやく計算して正しい答を出す力」を学力とする見方を「たいしたことでない」と批判《ひはん》し、それと対比して、「計算違いをしたときに、それに気づいて直せたり、計算がごちゃごちゃしたときに、それをすっきりさせたり、そちらのほうが学力である」と、自分の学力観を示しています。ここから、イエカが前者、アウオは後者、と判断《はんだん》します。ウの「学力」がまぎらわしいですが、筆者が考える本当の学力を指す言葉だととらえておきましょう。

問七　ア　解説　問六で確認《かくにん》したように、筆者は、「なにかが解ける力」ではなく、「つまずいたり迷ったりした機会に、それでもなんとかなる力」を重視《じゅうし》しています。選択肢《せんたくし》の「できる力」は「解ける力」と同義、「迷ったときにそれを切りぬける力」は「なんとかなる力」と同義と考えて、両者を区別しているアを答えとします。

㊲ 物語（1）

211ページ

○基本設定

人物＝私、お竜ちゃん

時間＝小学校に入学した私がお竜ちゃんに再会した数日後（四月？）

場所＝小学校の男の組の教室

○意味段落分け

【発端】ある日、お竜ちゃんと隣どうしになった私　1

【展開】算術の授業を受ける、つんとしたお竜ちゃんと、どきどきする私　2・3

【山場】鉛筆を折った私と、鉛筆を貸してくれたお竜ちゃん　4～6

【結末】鉛筆を返しそびれた私と、知らんぷりをして出て行ったお竜ちゃん　7

○要約の例

【発端】私は、小学校に入学して幼なじみのお竜ちゃんに再会し、ある日、お竜ちゃんと隣あわせで算術の授業をうけることになった。

【展開】つんとしたお竜ちゃんは、算術ができないらしい。いっぽう算術が得意な私は、お竜ちゃんにどきどきしながら、問題を解いた。

【山場】私は鉛筆を折ってしまったが、お竜ちゃんが先のとがった短い鉛筆を貸してくれた。
【結末】私はお竜ちゃんに鉛筆を返しそびれてしまい、お竜ちゃんは最後まで私を知らないふうにして教室から出ていった。

○解答

問一 A ウ 解説 直前の「すまして」を、もっとふさわしい「つんとした」に言いかえたと考え、「むしろ」を選びます。「むしろ」は、二つのものを比較《ひかく》して、あれよりもこれを選ぶ、という気持ちを表します。

B イ 解説 直後に「自信なさそうに」とあるので、「〜そうに」と呼応《こおう》する「いかにも」を選びます。「いかにも〜そうに」で「まさに〜だというふうに」という意味になります。

C ア 解説 直前に「私は〜横目で見ていた」、直後に「お竜ちゃんは〜盗み見さえもしようとはしなかった」とあり、アベコベですから、対比の「しかし」を選びます。

問二 男の組と女の組とをたがいに競い合わせるため 解説 意味段落分けから、男女いっしょに授業を受けることになった理由は、物語の発端に当たる[1]段落に書かれていると見当をつけます。

問三 ア・エ 解説 傍線《ぼうせん》部には心情描写《しんじょうびょうしゃ》がありませんが、直後の「私は心臓をどきどきさせ」

から「うれしさ」を、「どうしてよいかわからず〜」から「とまどい」を選びます。再会した数日後の出来事なので「なつかしさ」は不適《ふてき》。「どきどき」しているので「やすらぎ」も不適。

問四　私を空気かなんぞのように見ながら 解説 「たとえ」と指定されていますので、「〜のように」という表記から、答えが見つかります。ちなみに、「〜のように」と明示《めいじ》されていますので、これは直喩《ちょくゆ》です。

問五　私は心臓を　〜　していた。 解説 傍線部の直前がそのまま答えに当たります。

問六　お竜ちゃん　〜　しやった。 解説 傍線部は、お竜ちゃんが私に対して関心を持っていないように見えるところです。その「反対」の「行動」ですから、お竜ちゃんが、困っている私に鉛筆を貸してくれたところを選びます。全体の山場ですね。

問七　先のとがった短い鉛筆 解説 傍線部は指示語なので直前を見ると、「その鉛筆は〜短くしかもとがっていた」と、お竜ちゃんが貸してくれた鉛筆を描写しています。そこを根拠《こんきょ》として、短く、かつ、とがっている、という鉛筆の二つの特徴《とくちょう》が、コンパクトにまとまっている記述《きじゅつ》を探します。

問八　エ 解説 傍線部の直前に「そのため」とあり、直前が理由に当たることがわかります。直前には「お竜ちゃんは他の生徒たちの手前、最後まで私を知らない風に押し通してしまった」とありますので、お竜ちゃんが、私と親しくやりとりするところを、他の生徒たちに見られるのをいやがったことがわかります。

㊳ 物語（2）

224ページ

○基本設定

人物 作造（父）・克彦（息子）

時間 冬のはじめから年末にかけて

場所 猟場である山

○意味段落分け

【発端】 父の作造と山に入り、山にとりつかれる克彦 1～3

【展開】 シカを一発でしとめる作造 4・5

【結末】 シカをかついで山を下りる作造と克彦 6

○要約の例

【発端】 冬の猟期の準備で、無口な作造は日曜ごとに克彦を連れて山に入り、克彦は山のふしぎないのちにとりつかれた。

【展開】 正月近く、「おーい」とさけんでふりかえったシカを一発でしとめ、「心のきれいな獲物は、らくにとらんといかん」と、作造は克彦に教えた。

【結末】 獲物を倒すと、空気がぬけるようにしぼんでいく父とともに、克彦は山を下りた。

○解答

問一　ウ　解説　この「ただ」は接続詞ではなく、「それが全てで、他には何もなく」という意味の副詞です（「ひたすら」と同義です）。副詞ですので、用言（この場合は動詞）にかかります。

問二　d　解説　傍線部ロの「の」は、「自分がかかっていた」と、「が」に言いかえられる「の」です。dは「心がきれいな獲物」と言いかえられるので、dを選びます。

問三　ウ　解説　直前に「克彦は自分のかかっていためんどうにぶつかればよいとだけ思っていた。が、」とありますので、「山のふしぎないのちにとりつかれる」とは、克彦の興味《きょうみ》が、いのししだけではなく山全体に対して広がったことを意味しているとわかります。「山のふしぎないのち」は、山全体をひとつの生き物にたとえています。その後の「山の話し声のように」、「うたっている声」、「なにかしらつぶやいている」も擬人法《ぎじんほう》です。このような表現を駆使《くし》して、傍線部の直後の「あたたかい〜ながれていることもあった」は、なにか大きな生命にとりまかれているような、克彦が山で得《え》た不思議な感覚を表現していると考えられます。したがって、「心をひかれてしまった」とあるウを選びます。山をおそろしいものととらえているア、イ、エは不適《ふてき》です。

問四　風　解説　意味段落分けから、山全体が再《ふたた》び登場するのは、6段落です。6段落の最後に「克彦の背中で山はにわかに寒くなり、大声でわめきたてるように風が鳴っていた」とあり、まるで親子がシカを奪っていくことを、山が非難《ひなん》しているかのような雰囲気《ふんいき》も感じられますね（問七で問われている通りです）。ここでも「大声でわめきたてるように」という擬人法が使われていることに注目すれば、2段落の擬人法も同じく「風」の音を表現していたと推《すい》測《そく》できます。

問五　エ　解説　直前の4段落で作造は「そういう心のきれいな獲物は、らくにとらんといかん。はずすことは失礼にあたる」と言っています。散弾で傷《きず》つけてからもう一発射ってしとめる「足止め射ち」ではなく、一発でしとめて「らくに死なしてやる」のが、獲物に対するせめてもの礼儀《れいぎ》である、ということが、この4段落の発言からもわかります。以上から、獲物に対する優《やさ》しさを表している「いたわり」を選びます。このような猟師《りょうし》の感覚は、宮沢賢治《みやざわけんじ》の『なめとこ山の熊』でもくわしく描《えが》かれていますので、ぜひ読んでみて下さい。

問六　ア　解説　エは克彦の気持ちなので不適。ウは、直後に「ぶつぶついいながら～」とありますので、「急にぼうっとして、気が遠くなっていく」が不適。アかイかで迷うところですが、直後に「ぶつぶついいながら、たき火をかきたてたりするのを見るのは、つらかった」

とあり、せっかく獲物をしとめたのに、シカを殺《ころ》したことによる罪悪感《ざいあく》なのか、作造に明るい雰囲気は感じられません。そこで、「安心感」のイではなく、「心のいたみ」のアを選びます。

問七　1. オ　2. イ　3. カ　4. ア

解説　この問七の文章は、「山が自分の背中で非難しているようだ」という記述《きじゅつ》から、傍線部「大声でわめきたてるように風が鳴っていた」という擬人法を、「シカを倒したうしろめたさ」を感じている、克彦の心に映った山の姿《すがた》である、と解釈《かいしゃく》していることがわかります。そこで、(1)は「克彦の心の中の風景」を選びます。(2)は「非難している」の逆で「親しい」を選びます。(3)は、傍線部「山はにわかに寒くなり」とひびきあう「冷たい」が最適でしょう。(4)は、克彦の心情ですが「シカを倒したうしろめたさ」とありますので、作造にも「うしろめたさ」があるのだろうと推《すい》察《さつ》し、「やりきれない」を選びます。なお、「うしろめたい」は、「自分が悪いことをしたために気がとがめる」という意味、「やりきれない」は「たえられない」という意味です。

㊴ 詩

238ページ

問一　⑴ア・エ・オ 解説 現代人の話し言葉に近づけた書き言葉である、口語で書かれています。七音五音のような決まりに従《したが》っているわけではありませんから、自由詩です。家族を前にした作者の思いがつづられていますから、叙情詩です。

⑵ア・ウ 解説 食卓を島にたとえていますので、比喩《ひゆ》が用いられています（さらに細かく分類すると隠喩《いんゆ》です）。また、「そして取り囲む新年の食卓／これは島」という二行が、「食卓」「島」という名詞で終わっていますので、体言止め（語尾を名詞で終わらせる手法）が用いられています。

問二　⑴①イ　③ウ 解説 傍線部①は、直前に「元旦に／家族そろって顔を合わせ」とありますので、ふつうの新年のあいさつです。傍線部③は、〔解説文〕を参照しましょう。「再び、『新年おめでとう！』と、お互いの命に祝福を交わし合おう」とあります。

⑵人間が物を食べる速度 解説 直後に「暮らしの道はのびるだろう／きょうから明日へと細く続くだろう」とあるので、物を食べ生きる、日々の小さな営《いとな》みの積み重ねを意味している、と解釈《かいしゃく》すればよいでしょう。つまり、第五連の「人間が〝食べる〟という歩調は／昔から変わらない」と、ほとんど同じことを言っていることになります。そこで「人間が

〝食べる〟という歩調」について、〔解説文〕が触《ふ》れているところが答えとなります。

問三　**A**　**どこからおいでになりましたか**　解説　直前に「家族は言ってみれば地球上で一番親しい知り合った仲です。それなのに」とありますので、「それなのに」の前とは逆《ぎゃく》で、家族なのにまるで赤の他人を前にしているかのような、よそよそしい表現を選びます。

B　**取り囲む新年の食卓**　解説　第四連の「そして取り囲む新年の食卓／これは島」から。

問四　⑴　**不思議なえにし**　解説　傍線部④の「縁（えん）」と「えにし」は同義語です。また、傍線部の直後に「とうていたどることのできない神秘をかかえている」とありますので、「不思議」という語句も適切だとわかります。

⑵　**エ**　解説　詩の第二連に「そこであなたは／どこからおいでになりましたか、と／尋ねあうのも良いことです」とありますので、「不思議なえにし」を肯定的《こうてい》にとらえているエを選びます。イも肯定的ではありますが、「不思議」や「神秘」が感じられません。

問五　**その波をざ**　解説　「新しい波がひたひたと寄せて来ている」は、〔解説文〕では「家族のそれぞれの～寄せて来ています」と言いかえられており、その直後が内容的に、続きになっています。

第8章　戯曲

㊵戯曲
248ページ

問一　ト書き　解説　「戯曲の要素」を参照して下さい。

問二　イ　解説　直前のト書きに「子供たち、うたいつつ回り続ける／あたりが急に暗くなって、つうのすがたのみ光の輪の中に残る」とありますので、とても幻想《げんそう》的な雰囲気《ふんいき》の中で、つうがひとりぼっちで語っていることがわかります。これは独白《どくはく》（モノローグ）と呼ばれる演劇《えんげき》の手法で、演劇は小説とは異《こと》なり、登場人物の心の中に自由自在《じざい》に入りこむことが難しいため、このように、登場人物の心のつぶやきを表現するせりふを語らせます。

問三　ウ　解説　傍線部に「だから」とありますので直前を見ると、「あんたはあたしの命を助けてくれた。～そしてあの布を織ってあげたら、あんたは子供のように喜んでくれた」とありますので、「おかね」には関係なく、命の恩人《おんじん》である与ひょうが喜んでくれるのが嬉《うれ》しかったから、布を織ったということがわかります。

問四　⑴ア・エ　⑵エ　解説　「ほかの人」の世界とは、「あたしを矢で射たような、あのおそろしい人たち」の世界であり、惣どや運ずのように、お金にとらわれている人たちの世界です。いっぽう「あたしの世界」は、「何のむくいものぞまないで」命を助けたり、美しい布を見て「子供のように喜んでくれた」与ひょうを大切にする、心優《やさ》しく純粋《じゅんすい》で無邪気《むじゃき》な世界ですから、(1)はア・エを選びます。「おかね」や「ねうち」を重視《じゅうし》するウ・オは不適《ふてき》。つうは、なんでもお金の価値《かち》で計る世界を嫌《きら》っているのであって、働くことを嫌っているわけではありませんから(与ひょうのためならせっせと布を織っています)、イは不適です。(2)は、与ひょうの人がらにぴったり合う、エを選びます。

問五　ウ　解説　傍線部の後の展開《てんかい》から、与ひょうがお金にとりつかれていくことがわかります。

問六　イ　解説　惣どは、布そのものへの関心より、布がどれだけ高く売れるかに関心を持っていますので、ア・エは不適。また、与ひょうをどれだけおだてたところで、お金にならなくては、惣どにとっては何の意味もありませんから、ウは不適。つまり惣どは、「おまえもうかるから文句《もんく》はないだろう」と言っているわけです。とすると、この人物は決して悪人とはいえず、むしろ私たちの文明社会では「ふつうの人」ということになるのかもしれません。

問七　イ　解説　与ひょうは、「何百両」に目がくらみながらも、「んでも、つうはもう織らんちゅうたで」と、つうを思いやっていると想像《そうぞう》し、イを選びます。

問八　1．B　2．A　解説　惣どの方が金もうけに積極的であり、運ずは、「のう運ず」とせまる惣どに引きずられている様子が読み取れますので、つうに同情《どうじょう》する1は運ず、金もうけできるのだから気にする必要などないと割《わ》り切る2は惣どであると判断《はんだん》します。

ワンコイン参考書シリーズ

小5国語参考書

令和五年三月一日　初版刊行

著　者　大岡　淳

発行者　原　精一
東京都江東区亀戸八-二五-一二

発行所　株式会社　日栄社
〒一三六-〇〇七一　東京都江東区亀戸八-二五-一二
電話　〇三-六八〇七-〇八〇一(代)
ホームページ　https://www.nichieisha.com/

印刷所　三省堂印刷株式会社

カバーイラスト　二平瑞樹

ブックデザイン　木村祐一（ゼロメガ）

DTP　ゼロメガ

ISBN978-4-8168-5511-5　Printed in Japan

本シリーズの電子書籍版「ツーコイン電子参考書・問題集シリーズ」の制作にあたっては令和二年度事業再構築補助金の交付を受けました。